新版
中国語考えるヒント

上野惠司著

白帝社

新版の序

　先に『ことばの周辺』を白帝社から出していただいた時，それが『中国ことばの旅』,『中国語漫筆』,『中国語考えるヒント』,『ことばの文化背景』に続く，シリーズ5冊目の本であると序文に記したところ，何人かの知人や読者の方から，3冊目の『考えるヒント』というのは見たことがないが，という問い合わせを受けた。

　実はこの本は，他の4冊とは違って，好文出版の尾方敏裕氏の企画で中華書店という本屋さんからちょうど10年前に出してもらい，売り切れたのかいつの間にか店頭から姿を消して今日に至っていたものである。

　そのことをお話したところ，ぜひ読んでみたいと言われるので，手もとにあった何冊かを差し上げたりしてきたが，それもなくなってしまったので，尾方さんの了解を得て，こんど版を改めて白帝社から出してもらうことにした。

　再版に当たり，近ごろ書いたものの中から3編を選んで，巻末に収めた。また旧版に付載していた玄宜青さんの「ちょっと気になる表現」は，今回割愛させていただいた。

　これでわたくしがこれまでに書いてきた中国のことばと文化に関するエッセイの既刊5冊が揃うことになる。いずれも白帝社刊であり，担当してくださったのは現編集長の佐藤多賀子さんである。感謝したい。

2002年9月1日

上　野　恵　司

ふりだしから考える——旧版の序（抄）

　ここ 5 年ほどのあいだに中国語学習者に向けて書いた文章のなかから 48 篇を撰んで一書とした。

　初めの『私家版中国語辞典』は，同名のタイトルのもとに，NHKラジオ中国語講座テキストに 1988 年 4 月から 1990 年 3 月まで，24 回にわたって連載したもの。うち 4 回分は，すでに他の本に収めたので，ここには収めない。

　続く『どこがおかしい？　なぜおかしい？』も，同じくラジオ講座テキストに，1990 年 4 月から今年 3 月までの 2 年間連載したもの。やはり 4 回分が，同じ理由で省かれている。

　最後の『語言専科』は，筆者が携わっている日本中国語検定協会が出している季刊の冊子『中国語の環』（1987 年 9 月創刊）に連載したものの一部を編み直したもの。

　書いた場所やスタイルはそれぞれに異なるが，姿勢には一貫したものがあるかと思う。すなわち，直接に発せられたものであれ，筆者が想定したものであれ，学習者が疑問を抱いたり考えあぐねたりしていると思われる問題について，なるべく考える筋道を示しながら結論を得ようと努めていることである。そのため，なかには，わかりきったことをくどくどと述べすぎてしまったかなと思うところもある。また，ことばを費やしたわりには，もうひとつ結論がすっきりしなかったところもある。しかし，ふりだしから考え直してみた結果として，これまで見落していたところに気が付いているものもなくはない。そのいくつかについては，学習者の方がたに対してだけではなしに，

同行(トンハン)の諸氏にも，ぜひお目通しくださることを願っている。というのは，筆者のこれまでの文章の常として，この本に収める文章も，学習者向けであるからといって，急にトーンを下げたりはせず，いくぶんかは専門家との議論を意識しながら書かれているからである。──すでに解決ずみであろうと，未解決であろうと，とにかく納得がいくまで自分の頭で考えてみる。この姿勢はこれまで失っていないつもりだし，これからも失いたくないと思っている。

　例によって5年間の軌跡に乱れがあるのは，以上のような次第によるものであるから，どうか大目に見ていただきたい。

　終わりに，連載中の拙い文章をお読みくださった方がた，今度この本をお読みくださる方がたに，心からお礼を申し上げたい。本書の記述のどこかに中国語の学習を深めるうえでのヒントとなるところがあれば，わたくしにとって，なによりのよろこびである。

1992年8月21日
上 野 恵 司

目　　次

新版の序 …………………………………………… i
ふりだしから考える——旧版の序(抄)………………… ii

I　私家版中国語辞典

1. 「はこ」は"箱"か……………………………… 9
2. "鞋"と"靴"……………………………………… 12
3. シャツ談義……………………………………… 15
4. 「耳かき」はさじの仲間？……………………… 18
5. 門ととびら……………………………………… 21
6. 同じ「なべ」のめし？………………………… 24
7. ギョーザを包む………………………………… 27
8. 袖を通す………………………………………… 30
9. ダイヤルを押す………………………………… 33
10. 腹いっぱい……………………………………… 36
11. 人ひとつ………………………………………… 39
12. ノートひとつ…………………………………… 42
13. "这"と"那"……………………………………… 45
14. "这"と"那"(続)………………………………… 48
15. ふたつの「どうして」………………………… 51
16. ふたつの「どうして」(続)…………………… 54
17. わたしはまた　わたしもまた………………… 57
18. きょうもまた　あしたもまた………………… 60
19. 切符がない　切符を買う……………………… 63
20. なら？　ので？………………………………… 66

II　どこがおかしい？　なぜおかしい？

21. 数の表現(一) ……………………………………… 71
22. 数の表現(二) ……………………………………… 74
23. 数の表現(三) ……………………………………… 77
24. 数の表現(四) ……………………………………… 80
25. 助数詞の使い方(一) ……………………………… 83
26. 助数詞の使い方(二) ……………………………… 86
27. "目"→"眼睛" ……………………………………… 89
28. "顔"→"脸" ………………………………………… 92
29. 裸ではいけません(一) …………………………… 95
30. 裸ではいけません(二) …………………………… 98
31. 裸ではいけません(三) …………………………… 101
32. ローマ字は発音記号？ …………………………… 104
33. zhè か zhèi か ……………………………………… 107
34. 発音のよりどころ ………………………………… 110
35. "利害"？　"厉害"？ ……………………………… 113
36. "挂"は掛ける？　切る？ ………………………… 116
37. "好象"？　"好像"？ ……………………………… 119
38. fā、fá、fǎ、fà …………………………………… 121
39. "端盘子" …………………………………………… 125
40. "没"と"没有" ……………………………………… 128

III　語言専科

41. 中国語は英語と似ているか ……………………… 133
42. 単語はどのくらい覚えればよいか ……………… 137
43. "请坐"と"请问"は同じしくみか ………………… 140
44. "是A还是是B"は成り立つか …………………… 142

v

45. "看懂""听懂"はなぜ辞書にないか ……………………… 146
46. "好极了"はどう分析するか ……………………………… 150
47. 「技術」にはいつも"会"を用いるか …………………… 154
48. "不要…"は常に禁止を表すか …………………………… 156

IV

49. 《新华字典》のすすめ …………………………………… 161
50. "指甲"は zhījia？ zhǐjia？
 ——《普通话异读词审音表》のこと ………………… 166
51. 朋あり，その朋遠きより……
 ——『論語』を語学的に訓むと ……………………… 170

　50年前にほんのちょっと聞いた中国語講座のこと
 ——あとがきに代えて ………………………………… 175

●カバー装画：佐藤多持

vi

I

私家版中国語辞典

1
「はこ」は"箱"か

——こんな問いが発せられたと仮定してみましょう。

次の語を中国語に改めなさい。

　①はこ　　②とけい　　③こしかけ
　④くつ　　⑤シャツ

簡単ではないか，「はこ」は"箱"，「とけい」は"时计"……。これでは，もちろんあなたは落第。待てよ，「はこ」ね，うん，これは接尾辞が付いて"箱子"。「とけい」か，日本語と同じ「時計」ではぐあいが悪そうだな。たしか「かね」と同源だと聞いたから，これは"钟"かな，……。このくらいの慎重さがあれば，あなたの中国語も多少の脈がありそうです。しかし，欲をいえば，「ははん，作りましたね，ひっかけようと思ってもダメですよ」と来てほしいものです。

①の「はこ」は少なくとも大型の"箱子 xiāngzi"と小型の"盒子 hézi"に分かれます。②も置時計や柱時計の類の"钟 zhōng"と，腕時計や懐中時計の類の"表 biǎo"に分かれることは，たいてい教室で習っているはずです。③の「こしかけ」など，私は，"椅子 yǐzi"（いす）は寄りかかる道具であって，腰をかけるものではないなどと言って，もう1つ，腰をかける道具に"凳子 dèngzi"（背もたれのないもの）があることを得意げに教えています。④の「くつ」も，長靴や編み上げ式の"靴子 xuēzi"と，主に短靴を指す"鞋 xié"に分かれます。⑤の

「シャツ」も，日本語では肌着とその上に着るワイシャツ，ブラウスの類を区別せずに「シャツ」の1語で表すことができますが，中国語の場合，肌着なら"汗衫 hànshān"，上着なら"衬衫 chènshān"と区別しなければなりません。そして，こんどは，この"衬衫"にはワイシャツとブラウスの区別がなく，男女両方のシャツに使えるといったぐあいで，なかなか日本語と中国語はストレートには対応してくれず，いろいろ厄介なところがあります。もっともこれはなにも日本語と中国語とに限ったものではなく，おそらくは，どの2つの言語のあいだにも存在する問題で，このところをあれこれせんさくしてみるのもまた，ことばを学ぶ楽しみの1つではないでしょうか。

上の区別を中国語の辞典に求めると，少なくとも次のような記述がほしくなってきます。

箱 xiāng 名 （口語で単用する時は"箱子"。）はこ；大型のもの。トランクなども。小型のものを指す"盒子"と区別される。助数詞は《个 ge》または《口 kǒu》。［木箱］木ばこ。［皮箱］トランク。［衣箱］衣裳箱。［信箱］ポスト，私書箱，郵便受。［冰箱］冷蔵庫。［投票箱］投票箱。［纸箱子］段ボール箱。注 次のように臨時に助数詞に転用されることもある。〈买一箱苹果〉りんごを1箱買う。

盒 hé 名 （口語で単用する時は"盒儿"または"盒子"。）小型のはこ；多くふたつき，またははめこみ式のもの。大型のはこ"箱子"と区別される。《个 ge》《只 zhī》［饭盒］弁当箱。［墨盒］墨つぼ。［铅笔盒］筆箱。注 助数詞に転用される。〈买一盒火柴〉マッチを1箱買う。〈两盒巧克力糖〉チョコレート2箱。

「はこ」には，もう1つ"匣子 xiázi"があります。だいたい

"盒子"と同じですが，"点心匣子"（お菓子を詰める箱），"话匣子"（蓄音機）など決まった使い方があります。菓子折などを提げて病人を見舞いに行くのは，"提了一匣子点心去看病人"と言います。"话匣子"は「おしゃべり」の意味に転用され，"拉开～"（とめどもなくしゃべりまくる）のようにも用います。また，俗語かどこかの方言だと思いますが，ラジオのことを"电匣子"と言う人もいます。

钟 zhōng 名 とけい；柱時計，置時計などの大型のもの。英語の *clock*。もと，「鐘」が時を告げたところから，時計の意味に転じた。小型の"表"と区別される。助数詞は《个 ge》のほか，どっしりとした感じを与えるところから《座 zuò》が選ばれる。［挂钟］柱時計。［闹钟］目覚し時計。［自鸣钟］ボンボン時計。［座钟］置時計。注 "七点钟"（7時），"五分钟"（5分間）のように時刻・時間を表す語のあとに置く使い方もある。

表 biǎo 名 とけい；"钟"より小さく携帯できるもの。英語の *watch*。広くは計器類一般をも指す。《个 ge》《只 zhī》《块 kuài》［手表］腕時計。［马表］［跑表］［停表］ストップウォッチ。［怀表］懐中時計。［进口表］外国製の時計。注 男物の時計は"男表"と言うが，女物は"女表"とはあまり言わず，多く"坤表"を用いる。"坤 kūn"は，もと易の用語で，女性に関するものを指す。

時計屋さんは"钟表店"と言いますが，売っているのは"钟"か"表"で，"钟表"という時計は存在しません。

2
"鞋"と"靴"

　腰をかけるための道具が背のある"椅子 yǐzi"と，これのない"凳子 dèngzi"に分かれることは，中国語を少し学んだ人ならだれでもご存じでしょう。あまり自信はありませんが，英語の chair と stool もこれに対応しているかと思います。日本語の場合はどうでしょうか。「いす」と「こしかけ」でしょうか。そのようにも思われますし，「こしかけ」は「いす」を含めて，つまり背のあるなしにかかわらず座具一般を指しているようにも思われます。それどころか，これは世代ともかかわりがあるかと思いますが，教室で若い諸君に，背のないもの，つまり"凳子"スツールの類を「いす」と呼んだらおかしいかと聞いてみますと，別におかしくないと答える人がかなりの数にのぼります。語源が意識されなくなってきていることもありますが，もともと私たち日本人には，背の有無で座具を2つの種類に分ける発想がなじまないのかもしれません。

　椅 yǐ 名（口語で単用する時は"椅子"。）腰をかけてよりかかるための道具；いす。もと"倚子"とも。"倚 yǐ"はよりかかる意。よりかかることのできない"凳子"と区別される。背の部分に手をかけて持ち運びするところから，助数詞には「にぎる」，「つかむ」などの意味をもつ《把 bǎ》が用いられる。〈一把椅子〉いす1脚。［安乐椅］安楽椅子。［扶手椅］アームチェア。［交椅］旧式の折りたたみ式のいす。〈方〉ひじかけいす。

[躺椅]寝いす。[藤椅]籐いす。[揺椅]ロッキングチェア。[转椅]回転いす。[折叠椅]折りたたみ式のいす。[桌椅]つくえといす。[桌椅板凳]つくえやいすのたぐい；家具一般をいう。

凳 dèng 名（口語で単用する時は"凳儿"または"凳子"。）背のない座具；こしかけ，スツール。背のあるものは"椅子"。平らな面をもつところから助数詞は《张 zhāng》。にぎる部分がないので《把 bǎ》は不可。[方凳]四角いこしかけ。[板凳]木製のこしかけ；多く細長いもの。[条凳][长条凳]細長いこしかけ。

上の"条凳"のことを南方の方言で"长凳"と言います。魯迅の《阿Q正传》のなかに，自分たちが"长凳"と称しているところの長さ3尺，幅3寸の板でつくったこしかけを，城下の人が"条凳"と言っているのは間違いだ，おかしいと阿Qが息巻いているところがあるのを覚えておられる方もあるかと思います。

日本語の「大臣の椅子」，「社長の椅子」のような，「皆が希望するような要職・地位」を表す用法は"椅子"そのものにはなさそうです。ただ"椅子"のなかでも，多少古めかしく，重々しいというかもったいぶった感じのする"交椅"が，まれにこれに近い使われ方をするぐらいのものかと思います。「頂上の椅子」，「首領のポスト」は"第一把交椅"。その座を手に入れることは，もちろん"坐 zuò"（すわる）です。

鞋 xié 名 くつ；特に短いくつ。長ぐつ・ブーツの類を指す"靴子"と区別される。《只 zhī — 片方》《双 shuāng — 1足》[布鞋]布ぐつ。[皮鞋]革ぐつ。[凉鞋]サンダル。[拖鞋]スリッパ。"靸鞋 sǎxié"とも。[球鞋]運動ぐつ。[钉鞋][钉

子鞋］スパイクシューズ；前方にのみスパイクのついているものが"跑鞋"，後部にもついているものが"跳鞋"。

靴 xuē 名（口語で単用する時は"靴子"。）長ぐつ。編み上げ式のくつ。《只 zhī》《双 shuāng》［马靴］乗馬ぐつ。［皮靴］革製の長ぐつ。［雨靴］レインシューズ。

"鞋"と"靴"とでは形状が異なっています。この点では，先の時計を表す"钟"と"表"の関係に似ていますが，時計には"钟表"という総称が存在するのに対して，くつのほうはそのような総称はありません。あるいは"鞋"が"靴"をも含めて履き物一般を指していると見られなくもありません。履き物を売っている店は"鞋店 xiédiàn"であって，"靴店"ではありませんし，これを生産しているところは"鞋厂 xiéchǎng"であって，"靴厂"ではありません。くつを作ったり修理したりする職人さんは，"鞋匠 xiéjiang"と呼ばれていますが，この人は短ぐつだけではなく，長ぐつも手がけます。"鞋垫儿 xiédiànr"（敷き革），"鞋带 xiédài"（くつひも），"鞋拔子 xiébázi"（くつべら），"鞋油 xiéyóu"（くつずみ）……，すべて短ぐつ用と長ぐつ用の区別はありません。長ぐつの底も"鞋底 xiédǐ"ですし，くつ底以外の部分は長短を問わず"鞋帮 xiébāng"と称するのが普通のようです。ついでながら，この"鞋帮"のうちの前のほう，つまり甲の部分は"鞋脸 xiéliǎn"くつの顔と名付けられています。せいぜいきれいに磨いておきましょう。「磨く」は"擦 cā"または"刷 shuā"です。

3
シャツ談義

　まず「くつ」の話の続き。中国のくつと言えば，まず思いつくのが例の「ぬのぐつ」。中国語で"布鞋 bùxié"と呼ばれています。部屋履きふうの簡単なズックぐつを想像していただければよいのですが，これで部屋の内も外も（中国人は私たちのように部屋でくつを脱ぐ習慣をもっていません），晴れた日も雨の日も通します。靴底ももともとは布製で，はぎれを細かな針の目で何枚も何枚もかたく縫い合わせて仕上げます。この縫い方を"纳 nà"（"衲""捺"などとも書きます）と言い，こうして靴底をつくることを"纳鞋底"と称します。この靴底を縫えることは，かつては女子のたしなみの一つでした。革命戦争当時の映画を見ていますと，出征していく兵士を千人針ならぬこの布靴を縫って送り出す場面がよくあります。——いまはそんな手の込んだものはだんだん少なくなり，工場製の固いフェルト様のもの，タイヤ状のゴム製のもの，その他プラスチックなどの化学製品のものなどが取って代わっています。買う場合にも，布底のものは雨に遭うと水を吸って多少縮みますので，やや大き目のを買っておくといった「知恵」が要求されたり，なかなか面白いものです。この布靴のひもなしのものは手間がかからず簡単に履けるので，私も愛用していましたが，これがなんと"懒汉鞋 lǎnhànxié"，怠け者用とはよく言ったものです。正式には，履き口が伸び縮みするところから"松紧口鞋 sōngjǐnkǒuxié"

と称するようですが，通称のほうがもっぱら親しまれています。この布靴にも防寒用の綿入れのものがあり，これが"棉鞋 miánxié"。うち，老人愛用のデザインのものを"老头儿鞋 lǎotóurxié"とも。

しかし，時勢でしょうか，これらの布靴もだんだん革靴に押されてきて，女性用のかかとの高い"高跟儿鞋 gāogēnrxié"（ハイヒール），若者向きの先のとがった"火箭皮鞋 huǒjiàn píxié"（ロケット・シューズ?），その他さまざまの新種が現れはじめています。

「くつ」を含む成句を2、3紹介しておきましょう。

  穿小鞋 chuān xiǎoxié —— 小さな靴をはかせる；（仕返しなどして）のっぴきならない目に遭わせる，窮地に追い込む。

  穿新鞋走老路 chuān xīnxié zǒu lǎolù —— 新しい靴を履いて古い道を歩く；形は新しくても内容はもとのままである。

  好鞋不踩臭狗屎 hǎoxié bù cǎi chòu gǒushǐ —— よい靴で臭い犬の糞は踏まない；立派な人物は小人とかかわりあって品格を損なうようなことはしない。身分を重んじて自重する。

話題を戻しましょう。今度はシャツです。手もとの辞典に「西洋風の肌着」とありますが，いかがでしょうか。当今，和風の肌着などとんと見かけませんが，それよりもシャツは肌着に限定されるのでしょうか。私などの感覚では，直接肌に着用しないワイシャツやブラウスの類も，シャツに属するように思われます。もっとも近ごろでは，肌着なしに直接ワイシャツを着るのがナウな装いであるとか申しますが……。

汗衫 hànshān 名 シャツ；肌着。ワイシャツやブラウスの類を指す"衬衫"と区別される。助数詞は《件 jiàn》。

衬衫 chènshān 名 シャツ；ワイシャツ・ブラウスの類。肌着を指す"汗衫"と区別される。《件 jiàn》［男衬衫］ワイシャツ。［女衬衫］ブラウス。

これまで見てきた例は，「はこ」にしろ「とけい」にしろ，また「こしかけ」にしろ「くつ」にしろ，いずれも日本語のほうが包括的で，中国語のほうが細かに分析して命名している例でしたが，シャツに来て事情は少し変わりました。日本語が肌に着けるものとそうでないものとを合わせてシャツと称しているところは，これまでどおりですが，中国語が肌着からのみ区別して，男物と女物とを合わせて"衬衫"と称しているものを，日本語のほうがさらにワイシャツとブラウスにはっきり分けているのです。中国語でも，上の例のように"男 nán"あるいは"女 nǚ"を冠することによって区別することはできますが，常に区別して用いられているわけではありません。背広とツーピースもこの例でしょうか。

西服 xīfú 名 洋服；男子の背広，女子のツーピースの類。特に背広のみを指すこともある。上下とか三つ揃いとかのように組になっているところから，助数詞は《套 tào》を用いる。

これもデパートなどでは"男西服"，"女西服"などと区別しているようですが，日常的ではなさそうです。日本語でも洋服の一語で男女両方の衣服を指しますが，「洋服」は文字どおり「西洋風の衣服」で，中国語の"西服"よりも指す範囲が広そうです。むしろ，近ごろは紳士物にも使うスーツという語が"西服"に近いかもしれません。

4
「耳かき」はさじの仲間？

　断言してよいのかどうか自信がありませんが，日本語ではつくえとテーブルを使い分ける傾向にあるようです。前者はもっぱら事務・勉強用のもの，後者は食事用のもの。英語の*desk*と*table*がほぼこれに対応しているように思われますが，定かではありません。*desk*が食卓の意味に使われることはないようですが，*table*のほうは事務・勉強用のつくえの意味にも用いられるものと，少なくとも辞書の記述からは判断されるからです。

　つくえとテーブルに限らず，かぎとキー，受付とフロント，ふろとバス，昼食とランチ，さじとスプーン，買い物とショッピングなどのように，本来の日本語と外来のことばのあいだに微妙な使い分けが見られるようですが，こういう定着した外来語が在来の語の特殊な部分の意味のみを分担するというような現象は，中国語には見いだしにくいようです。

　桌 zhuō 名（口語で単用する時は"桌儿"または"桌子"。）つくえ，テーブル。平らな面をもつところから助数詞は《张 zhāng》。［饭桌］［餐桌］食卓。［书桌］勉強机。［课桌］教卓，教室机。［讲桌］教卓。［办公桌］事務机。［圆桌］まるいテーブル，円卓。［方桌］四角いテーブル・つくえ。［八仙桌］8人掛けの正方形のテーブル。［三屉桌］上部に引き出しが3つ並んで付いている机。［桌布］テーブルクロス。［桌灯］電気スタンド。"台灯"とも。

[助数] 料理をテーブル単位で数える。〈一桌菜〉1卓分の料理。〈三桌客人〉3卓分のお客さん。

　上の"三屉桌 sāntìzhuō"に対して，さらに左右の一方に何段かの引き出しの付いたものが"一头沉 yìtóuchén"（"沉"は重い）。ひところの新婚夫婦の家具リストに必ず見られたものです。さらに両側に引き出しが付いたものになると，"两头沉 liǎngtóuchén"ということになるのでしょうが，こちらは流行したということは聞きません。

　"写字台 xiězìtái"という語を小説などでよく見かけますが，これは上の"办公桌""三屉桌""一头沉"などの事務机の総称と理解してよいでしょう。映画などでよく見かけるソファーなどのわきにおく台は"茶几"。"几 jī"は小さなつくえやテーブルのこと。

　勺 sháo [名]（口語で単用するときは"勺儿""勺子"。）（大小の区別なしに）スプーン，しゃくし，しゃもじ。柄をにぎって使うので助数詞は《把 bǎ》。[马勺] かゆなどをすくう大きなしゃもじ。〈方〉フライがえし。[饭勺(儿)] ごはんを盛るしゃもじ。[汤勺(儿)] スープをすくい分けるしゃもじ。[炒勺(儿)]（片方に柄のついた）中華なべ，フライがえし。[漏勺(儿)]（水ギョーザなどをすくう）あみ状のしゃくし。[勺儿星] 北斗七星の通称。

　別に小さなスプーンやさじの類を称する"匙子 chízi"という語もありますが，"勺"はそれらも含めて使われているようです。上の"炒勺"など，私たちの感覚ではしゃくし・しゃもじの仲間には含まれませんが，用途よりも形状に重きをおく中国語では，これも"勺"に含まれるわけです。したがって，私たちがその用途から「耳かき」と称する道具も，中国語では

"勺"の仲間ということになり，"耳勺儿ěrsháor"と呼ばれます。

　余談ですが，日本の学校給食で先割れスプーンの使用の是非がとりざたされたことがあります。中国の学生も，全寮制の大学生など三食とも学内の食堂を利用しますが，彼らはそれぞれ専用の碗とスプーンをもっていて，どんな料理であろうとすべてこれで済ませます。"筷子 kuàizi"（はし）は決して用いません。うどんをスプーンで器用にさばく術など，もはや芸術としか言いようがありません。

　壶 hú 名 つぼ・やかん・ポットの類; 多く"嘴儿 zuǐr"（注ぎ口）と"把儿 bàr"（柄）または"提梁 tíliáng"（取っ手）のついたもの。助数詞は《把 bǎ》がよく使われる。［茶壶］きゅうす。［酒壶］とっくり。［水壶］やかん，水筒。［油壶］（機械などの）油さし。［喷壶］じょうろ。［暖壶］魔法びん。"暖水瓶"とも。

　上にも記したように"壶"は一般に小さな注ぎ口がついています。これを"壶嘴"とか，単に"嘴儿"とか称していますが，こういう容器は，一般に液体以外のものを盛るには適しません。例えば，きゅうすに水ギョーザを入れたとしたらどうなるでしょうか。中身がうまく外に出てきません。そこから，言いたいことをうまく表現できない人のことを"茶壶里装饺子"と形容します。後は"肚里有，吐 tǔ 不出来"と続きます。

　"壶嘴"でもう一つ思い出すことは，お茶をついだ後，なにげなくおいたきゅうすの口が，自分の方を向いていることを非常に嫌がる人があることです。"不吉利"（縁起が悪い）だと言うのです。

5
門ととびら

　引き続き日本語では2つの語になるが，中国語では1語で表されているものについて見てみましょう。今回は門と戸・とびら。

　门 mén 名 ①家屋，乗り物，敷地などの出入口。[大门]表門。[二门]二の門；表門の内側にある門。[房门]家の入口。[屋门]部屋の入口。[太平门]非常口。[后门]裏口。[车门]車の乗降口。[城门]城門；城壁で囲まれた町の門。[门帘(儿)]入口にかけるすだれやカーテンの類。[看门](kānmén)門番をする。[送货上门]商品を家庭に届ける。②出入口の戸・とびら。助数詞は《扇 shàn》。中国のとびらは多く開き戸で，おうぎ状に開閉するところから。[铁门]鉄のとびら。[板门]板戸。[敲门]ドアをノックする。③(～儿)家具・道具の開閉部分。[柜门儿](観音開きの)戸棚のとびら。[炉门儿]ストーブのたき口。[双开门](冷蔵庫などの)両開き。④形やはたらきが門や戸に似たもの。[门齿][门牙]前歯。[水门]水道のバルブ。[电门]安全器，スイッチ。[肛门]肛門。[快门]シャッター。[球门](サッカーなどの)ゴール。

　"门"には上の門や戸の意味から派生してくるさまざまの用法があり，また助数詞としての用法もありますが，しばらく触れないことにします。実は，上で①門，②戸・とびらに分けましたが，これでよいのかどうかも自信がありません。門と戸に

違いがあることぐらいは判っていますが,例えば"开门"と言った場合,門をあけるのか,とびらをあけるのか,私にはよくわかりません。確かに開いたり閉めたりできるのは,とびらそのものであって,門ではありません。しかし,(とびらをあけて)門を開いた状態にすることも"开门"と言えそうです。また,一応①に分類しておいた"房门"や"屋门"にしても,家屋や部屋の出入口しか指さないのか,その出入口に立てられた戸をも指すのか,私にはもうひとつよくわかりません。——そもそも門と戸を区別する意識が中国人にはたらいているのかどうかさえ,だんだん怪しくなってきます。試みに中国の代表的な辞書である《新华字典》と《现代汉语词典》を引いてみましたところ,前者は門と戸を1項目にまとめ,後者は2項目に分けて説明しています。

③で,②の戸・とびらの意味から転じたものとして,家具・道具類の開閉部分を1項目設けておきながら,今度は④で,門や戸に似たものという,門と戸をごちゃまぜにした項目を立てているのは,上のような迷いから,途中で分類を投げ出してしまった結果です。実際,"门牙"の"门"が門であるのか戸であるのか,どうにも結論の下しようがありません。4枚の歯が口の前門のところにあるから前歯,門歯であるようにも見えますし,戸板のように立ちふさがっているところからの命名のようにも思われます。現に,中国語の方言のなかには,これを"板齿"と称しているものもあるくらいですから。

中国語は門と戸・とびらの区別を持たないくらいですから,私たちが意識せずとも区別している戸,とびら,ドアなどの使い分けなども,もちろんなさそうです。事実,家屋の戸はもち

ろん，車のドアも，冷蔵庫のとびらも一律に"门"でした。しかし，日本語の「戸」をすべて中国語の"门"に置き換えることができるかどうかは，ちょっと疑問が残ります。例えば和風の家屋に用いられる雨戸ですが，これは"门"ではなさそうです。"防雨板"とでも訳すのでしょうか。もう一つ，「人の口に戸を立てられぬ」と言う場合の戸も，どうやら"门"ではなさそうです。"人的嘴是封不住的"という訳が日中辞典にあります。戸は開けたり閉めたりするほかに，さえぎる役目もしますが，後者のさえぎる役目しかしない戸板の類は"门"には入らないということになりそうです。

電気の安全器が"门"であるのも，なかなかおもしろく思われます。「門」である以上，開閉も可能なわけで，スイッチを入れることを"开电门"と言い，切ることを"关电门"と言います。ラジオ"收音机"やテレビ"电视机"の類をつけたり消したりするのも"开""关"で表すことができます。さらに"开"や"关"する装置ということで，スイッチのことを俗に"开关"と称しています。

球技のゴールも中国語では"门"です。通過する「関門」と考えられているのでしょう。そこを守って通過させないようにする人，すなわちゴールキーパーのことを"守门员"と言います。普通に門の番をすることは，上の例にあげた"看门"か，あるいは"把门"。旧時，門番・守衛のことを"看门的"と称していました。

口から出まかせによくしゃべる人がいます。これを称して，"嘴上缺个把门的"と言います。口には番人をおきたきもの。

6
同じ「なべ」のめし？

「かべ」と「へい」,「なべ」と「かま」なども,中国語では1つの語で表されます。

墙 qiáng 名 敷地や建造物の囲い;かべ,へい。《堵 dǔ、面 miàn》〈雪白的墙〉まっ白なかべ。〈墙上挂着地图〉かべに地図がかかっている。〈砌墙〉へいをきずく。〈刷墙〉かべ・へいをぬる。［墙报］かべ新聞。［墙角］かべ・へいのすみ。［墙脚］かべ・へい・城壁などの土台。［墙裙］かべの下部の保護用に装飾を施した部分。［墙头儿］へいのてっぺん。［砖墙］れんがづくりのかべ。［土墙］泥で固めたかべ・へい。［院墙］院子の囲い;へい。［城墙］まちの四周を囲むかべ;城壁。

かべ・へいを表す語として,中国語にはもう1つ"壁 bì"という語がありますが,やや文章語に傾き,口語としては多少の地方性を帯びているようです。"墙"と"壁"が複合した"墙壁"という語もあるにはありますが,個別のかべ・へいにはあまり用いられません。

"墙"と"壁"とでは,「かべ新聞」(模造紙に書いて貼り出したり,パネルに書いてつるしたりしたもの)の"墙报"と"壁报"のように,どちらを用いてもよいものもありますが,一般には自由に入れ替えることができません。"家徒四壁"(家はただ四方の壁があるだけ;赤貧洗うがごとし),"作壁上观"(塁壁の上で戦の成り行きを眺める;高見の見物をする,洞が峠を決め込む)などの

成語の"壁"は，これを"墙"に置き換えることはできませんし，"铜墙铁壁"（非常に堅固で打ち破りがたいもののたとえ）も，前後の2字をひとまとまりとして"铁壁铜墙"のように入れ替えることはできますが，"墙"と"壁"だけを入れ替えることはできないようです。天壇公園にある例の音がこだまするかべは，"回音壁"であって，"回音墙"ではありません。

　上に「へいをきずく」として挙げた"砌墙"の"砌 qì"とは，れんがなどをセメントでかためながら積み上げていくことです。中国式のへいのつくりかたがよくわかるうえに，こんなものにまで専用の動詞をもっているところがおもしろく思われます。

　"墙"の助数詞に用いられる"堵 dǔ"は「さえぎる」という意味の動詞から来ています。"面 miàn"はもちろん平らな面をもっているところから。長く続いたへいには"道 dào"が用いられることもあります。

锅 guō 名 食物を煮炊きするのに使う道具; なべ・かま。《口 kǒu》［铁锅］鉄なべ。［沙锅］土なべ。［锅炉］ボイラー。

　日本語のなべもかまも，どちらも"锅"です。日本語のかまに当たる"釜 fǔ"という字は，古代の煮炊きの道具で，今日の"锅"に相当するもののようですが，現代語では使われず，せいぜい成語などのなかに見られる程度です。不退転の決意を示すことを"破釜沉船"と言いますが，これは楚の項羽が秦との戦の際，川を渡った後，釜を壊し舟を沈めて，将兵に退く意思のないことを示した故事から来ています。また"釜底抽薪"という語があって，これは釜の中のたぎりをとめるのに釜の下の薪を取り除くという意味で，物事を根本的に解決することの

たとえに使います。さらに"釜底游魚"というのは，釜の底で泳いでいる魚ということで，末路の近いことのたとえに使われますが，これらの"釜"が今日の"鍋"と同じ形状をしたものであるのかどうか，私には定かでありません。最後の例の"釜"など，かなり深いもののように思われますが（あまり浅すぎては，初めから魚は泳げません），今日の"鍋"にも相当深いものもありますから，ただちに"釜"と"鍋"とは別物だと見なすわけにはいかないようです。かりに"釜"が相当に深いものであるにしても，はたしてあの腰のあたりにつばのついた，私たちになじみの深い「かま」であるかどうかはよくわかりません。やはり昔の"釜"が今日の"鍋"で，"鍋"には底の浅いなべも，底の深いかま（？）も含まれているとしておきましょう。

　日本語の「同じ釜のめしをくう」は"同吃一鍋飯"で，やはり"鍋"です。この"鍋"に接尾辞の"子"を添えて"鍋子"としますと，なべ状の器物を意味するようになり，例えば"烟袋鍋子"（キセルの雁首）のように用います。"儿"を添えて"鍋儿"としても同じです。

　以上のほか，日本語で区別される「せんす」と「うちわ」も，中国語ではともに「あおいで風を起こす道具」ということで"扇子 shànzi"と言います。"搧 shān"（あおぐ）という動詞から派生した語です。

　初級テキストなどでよく見かける"从这儿到车站怎么走？"の"车站"も，駅かバス停か，いつも訳に困ります。

7
ギョーザを包む

　ギョーザ"饺子 jiǎozi"は，薄くのばした小麦粉の皮に中身の具を包むところから，これをつくることを"包 bāo"ということは，ご存じの方も多いと思います。"捏 niē"という動詞を使っているのを聞いたこともありますが，これは包んだあと，具がこぼれださないように指先でていねいにつまんで仕上げるところから言ったものでしょう。ただし，"包"のほうが，ギョーザをつくる全体の過程を指しているのに対して，"捏"のほうは最後の仕上げの動作だけを言っているのかもしれません。いずれにしても極めて具体的な動詞が選ばれているのが，私には，はなはだ興味深く感じられます。

　"盖 gài"という語が，「ふた」，「ふたをする」という原義から，さまざまの方向に発展していく様子なども，中国語とはどのような言語かを知るうえで格好の見本になりそうです。

盖 gài 名（〜儿）ふた。動 ①かぶせる，ふたをする。〈盖盖子〉ふたをする。〈盖被子〉ふとんをかぶせる。②（かぶせるように押さえるところから）印鑑などをおす。〈盖章〉判をおす。〈盖戳子 chuōzi〉スタンプを押す。③（屋根をかぶせて仕上げるところから）建物をつくる。〈盖房子〉家を建てる。④（おおう，かぶせるから転じて）上回る，圧倒する。〈欢呼声盖过了他的声音〉歓声が彼の声をかき消した。

　以下，日本語では必ずしも具体的な動詞によらないものが，

中国語においては極めて具体的な動詞を用いている例を拾っておきます。

坐开水 zuò kāishuǐ 湯をわかす。やかんを火にかける動作を"坐"(すわる)という動詞でとらえたもの。"坐锅"(なべをかける)、"坐壶"(やかんをかける)などを間におくとわかりやすい。

抱孩子 bào háizi もらい子をする。実際には抱きかかえてもらってくるとは限らないが、"抱"という動詞を用いる。"抱只小狗来"(小犬を1匹もらってくる)などから考えるとわかりやすい。「この子はもらい子です」という中国語は、"这个孩子是抱来的"となる。

拉灯 lā dēng (ひも式のスイッチを引いて)電灯をつける、または消す。「つける」か「消す」かをはっきりと表現したい場合は、補語をつけて"拉开 lākāi"あるいは"拉灭 lāmiè"とする。

开灯 kāi dēng (スイッチを入れて)電灯をつける。スイッチを"电门 diànmén"というところから、その"门"をひらくという意味の"开"が選ばれたのである。電灯を消す場合には、スイッチを消す、つまり"门"をとじることになるところから"关 guān"が選ばれる。そこからスイッチのことを俗に"开关"と称することは、すでに触れたとおり。

倒水 dào shuǐ 水を汲む、水を捨てる。"倒"は容器を傾けることであるから、中身を他の器に移すために傾けるのであれば「汲む」となり、不要のものを放出するために傾けるのであれば「捨てる」となる。「水を汲んでくる」は"倒点儿水来"、「水を捨ててくる」は"把水倒了去"となる。"倒茶"は「お茶

をつぐ」，"倒茶叶"は「茶がらを捨てる」。

冲茶 chōng chá （茶の葉に湯を注ぎかけて）茶を入れる。茶の葉の入ったきゅうすに湯を注いだり，中国式に湯呑みに葉を直接入れて湯を注いで飲む場合にいう。"冲"の代わりに"沏 qī"を用いても同じ。

泡茶 pào chá 茶を入れる。湯を注いだあとの，茶の葉が浸っている状態をとらえて言ったもの。

端茶 duān chá お茶を運ぶ；お茶を出す。"端"は，（器物を平らになるように）両手で持つこと。"端水"，（洗面器などに入った）水を運ぶ。"端饭""端菜"，（食堂などで）ご飯やおかずを運ぶ。"端盘子的"とは，旧時のウェイター，ウェイトレスの俗な言い方。

登三轮 dēng sānlún 輪タクを走らせる。"登"は"蹬"とも，足で強く踏むこと。ペダルを踏んで自転車や輪タクを走らせる意味にもなるし，ズボンや靴を強く踏んで履く意味にもなる。

摇船 yáo chuán （ろやかいで）船をこぐ。"摇"はろやかいを揺り動かす動作をいったもの。オールで波を切る動作は"划 huá"。"划船"と言えば，ボートをこぐこと。

撑船 chēng chuán （さおで川底を突いて）船をこぐ。"撑"は支え棒などでつっぱること。「かさをさす」は"撑伞"。《现代汉语词典》は，この場合の"撑"に"张开"という解釈を施しているが，"撑"の結果として"张开"するのであって，"撑伞"イコール"张开伞"というわけではない。一つの原義からどの方向に意味が拡張していくかについての，手際のよい説明がほしい。

8
袖を通す

　昨今のように物があり余っていますと,ついつい衝動的に買ってしまった流行の洋服が,一度も袖を通さないうちに,流行が変わってしまって……などということが,しばしばです。筆者のように,およそ流行などとは無縁の世代でも,安いなと思って買い込んでおいた一着が,いざ袖を通してみるころには,胴回りがなにやら窮屈で,結局は……などということになりかねません。

　この「袖を通す」という語,動作を具体的な動詞で表現することの少ない日本語のなかでは,目立った存在の一つかと思います。中国語でも,同じ発想から,"穿 chuān"という動詞を用います。穿鑿の穿,穿つと訓じて,「つらぬく」,「つきぬく」の意味に用いている語です。着物の袖にぬっと腕を通す動作が,まさに"穿",つらぬくです。それでは,ズボンの筒に足を通す場合はどうでしょうか。やはり"穿"です。日本語で,まだ一度も足を通していないズボンとは,あまり言わないようですね。上着にしろズボンにしろ,要するに衣服を着用する動作は,中国語では"穿"なのです。衣服だけではなしに,くつも"穿"です。長靴やブーツの類をご想像いただければ,くつをはく動作が"穿"である理由をご理解いただけるでしょう。同じ着用でも,帽子になると,もはや"穿"は使いません。帽子は,山高帽によほど長いおつむでもねじこむのでなければ,「つらぬ

く」というよりも,「おく」,「のせる」がふさわしいようです。中国語では"戴 dài"を用います。

穿 chuān 動 ①うがつ,つらぬく,つきぬく。〈穿个孔〉(きりなどで)穴をあける。②(動詞の後に用いて)本質を明らかにする,実体をあばくことを表す。〈说穿〉はっきり言う,本質をつく。〈看穿〉本質を見抜く,正体を見破る。③穴を通す。〈穿针〉針に糸を通す。④通り抜ける。〈穿胡同〉路地を通り抜ける。〈穿洞〉ほらあなをくぐる。〈横穿马路〉大通りを横切る。〈穿人群〉人込みをくぐる。⑤(衣服・くつ・靴下などを)着用する。〈穿棉袄〉綿入れを着る。〈穿裤子〉ズボンをはく。〈穿裙子〉スカートをはく。〈穿鞋〉くつをはく。〈穿袜子〉靴下をはく。

戴 dài 動 (頭・顔・首・腕などに)着用する。〈戴帽子〉帽子をかぶる。〈给人戴帽子〉人にレッテルを貼る。〈戴眼镜〉めがねをかける。〈戴耳环〉イヤリングをつける。〈戴围巾〉マフラーを巻く。〈戴手套〉手袋をはめる。〈戴手镯 shǒuzhuó〉ブレスレットをする。〈戴手表〉腕時計をする。

"穿"と"戴"とは,どのように身につけるかの違いはあっても,着用することにかわりはありません。そこで,この2つの語が複合して"穿戴"となり,着るもの,はくもの,かぶるもの,それに飾るものなどの総称として用いられます。"穿"はまた"着 zhuó"と結んで"穿着"となり,着るもの一般,服装の意味に用いられます。

同じく着用するものであっても,ネクタイなどになると,これは結んで身につけるところから"系 jì"を用いることが多いようです。"系领带 lǐngdài",ネクタイをしめる。"领带"の

"带"と音が重なることも、"戴"を避ける原因になっているかもしれません。ネクタイについては"打 dǎ"も使われます。おそらく結び目をつくることを言ったものでしょうが、この"打"には、まことに多種多様な使い方があって、なかなかうまく整理できません。《新华字典》などを見ましても、この"打"を十数項に細分して説明していますが、相互の関連づけが不十分なため、はなはだわかりにくいものになっています。例えば、その何番目かに"购买"（買う）の意味だとして"打车票"と"打酒"とをあげていますが、後者の"打酒"の"打"は液体を汲む動作から転じたものと理解したほうがよいでしょうし、前者の"打"も本来なにか動作とかかわりがあったものと見たほうがよさそうです。

　"戴"と発音が同じで意味も近いところのある動詞に"带"があります。"戴"が肌身に着用することを表すのに対し、"带"のほうは、持ち運びする、携帯するという意味で、肌身との密接感は弱いようです。"带着行李"、荷物を携帯している。"带着孩子去公园"、子供を連れて公園に行く。具体的に手を引いているわけではありませんが、身近において手とり足とり指導する場合にも"带"を使います。"带徒弟 túdi"、弟子をとる。"带研究生"、大学院生を指導する。

　"系"(繋)は結ぶという意味の動詞ですから、また"系鞋带"（くつひもを結ぶ）のようにも使われます。旧式の腰ひも"腰带"を結ぶのも"系"です。転じて、もはや結びようのない新式のベルトをしめるような場合にも"系"を用いて、"系皮带"と言います。

9
ダイヤルを押す

　京劇に俳優が口から息を出してつけひげを吹くしぐさがあります。"吹胡子"といい，怒っていることを表します。さらに転じて，舞台の上だけでなく，広くかっとなって怒ることをいうのに使われるようになりました。中国人の演劇好きは有名で，"戏迷 xìmí"などということばもあるくらいですから，舞台のしぐさやことばが日常の生活のなかにたくさん入りこんでいます。それらについて見てみるのもおもしろいことですが，それはいずれということにして，この「ひげをふく」→「怒る」の「ふく」という動詞"吹"をもうすこし見てみましょう。

　吹 chuī 動 ①（口をつぼめて）息をふっとふく。〈吹了一口气〉ふっと一息ふいた。〈吹火〉火をふく；ふいて火をおこす。〈吹灯〉あかりをふく；ふいてあかりを消す。㊁（楽器を）ふきならす。〈吹笛子〉ふえをふく。②口から出まかせを言う。大言をはく。〈乱吹〉やたらに大きなことを言う。〈吹牛〉〈吹牛皮〉おおぼらをふく。③（風や空気が）ふきつける。〈吹风〉風がふきつける。ドライヤーをあてる。④事がだめになる。仲が割れる。〈这件事吹啦！〉この件はおじゃんになった。〈他们俩吹了〉ふたりの仲はだめになった。

　"吹"を風がふくことをいう"刮 guā"と同じように使う人もあるようですが，多分に方言的な使い方のようです。共通語に見られる，例えば"风轻轻地吹"は，やはり「風がそよそよ

とふきつける」（そよ風がほおをなでる）という意味でしょう。それにしても，同じく息をふきかける行為であっても，それが単に息をはくだけのことであったり，火をふきおこすことであったり，逆にあかりをふき消すことであったり，さらには，その結果として楽器が音を出せば吹奏する意味になったりするところは，いかにも中国語らしい表現だと思います。

　"吹"がさらに「出まかせを言う」意味になることは，日本語でも「ほらをふく」とか，単に「ふく」とか言うところからも，感覚的にわかりますが，ふく対象がなぜ「牛」であったり「牛皮」であったりするのかということになると，もうお手あげです。「馬」ではなぜいけないのでしょうか。熟語や慣用語のむずかしいところです。

　もうずいぶん昔のことですが，北京の理髪店で"吹吗？"と聞かれて，一瞬とまどったことがあります。「ほらをふきますか」であるはずはありませんし……。ドライヤーをかけるかどうかを聞かれていたのです。たいして多くもない髪ですが，ぬれたままにしておかれてはかないませんので，もちろん"吹"してもらいました。そのぶん何分（フェン）だか勘定に足してあったのには驚きました。中国の理髪店では，髪を切っていくら，洗っていくら，ひげをそっていくらと，料金が細かに分けられているのが普通です。実際，髪だけ切ってもらって，他は家に帰って自分でという人も結構いるように見受けました。

　"吹了"が「だめになる」，「ご破算になる」の意味に使われるのは，北京あたりの俗語でしょうか。「留学の件どうなった？」，「あのこどうなった？」などの問いに対して，うまく運ばなかった場合には，"吹了"という答えが返ってきます。

"拨"という動詞も応用範囲の広い語です。

拨 bō 動 ①(指や棒の先などで) つつく，動かす。〈拨电话〉電話のダイヤルを回す。〈拨灯心〉灯心をかきたてる。〈把钟拨一下〉時計の針を回す。②一部分を割く；分ける，まわす。〈拨款 kuǎn〉金を支出する。〈拨人〉人力を割く，人を回す。〈拨物资〉物資を融通する。〈拨房间〉部屋を都合する。助数 (～儿) いく組かに分けたものの1つ。〈一拨儿人〉1組の人。〈分拨儿进去〉組に分かれて入っていく。

　回転式の数字盤を指で回して電話をかける動作は，いかにも"拨"です。しかし，このごろのように，ボタン式のものを指先で押さえる式のプッシュホンとやらになるとどうなるのでしょうか。"按 àn"でしょうか，"摁 èn"でしょうか。当分は"拨"でよさそうですが，いずれは指先で押さえるという意味の動詞にとって代わられることになるかもしれませんね。それとも相変わらず"拨"のままで，「昔はダイヤルを指先で……」などと，語学教師の出番を残しておいてくれるのでしょうか。

　柱時計の針を指先で回して時間を合わせるのも"拨"です。これもこのごろのように一つの電池で何年も動き，月に何秒とやらしか狂わなくなってしまいますと，指先で回す楽しみなどまずなさそうです。しかし，実際には針を指先で直接触れることなどなさそうな腕時計や懐中時計についても，"拨表针"(針を合わす)，"拨快(慢)五分钟"(5分進める，遅らせる)のように使っているところをみますと，もう原義を離れて定着したと見てよさそうです。

10
腹いっぱい

　数字の"一 yī"を用いての数え方，計り方にすこし注意を要するものがあります。"一张纸"（1枚の紙）や"一把伞"（1本のかさ）のような，後に助数詞がきて数えられる名詞がくる組合せのものには格別の問題はないのですが，よく似た組合せでも，助数詞の位置に名詞がくると意味に違いが出てくる場合があります。例えば"一瓶子酒"（1びんの酒），これは"瓶子 píngzi"という容器で液体"酒 jiǔ"をはかっているだけで，取り上げるほどのこともありませんが，これが**"一肚子坏水"**（腹いっぱいの悪だくみ）となりますと，同じように"肚子 dùzi"という容器で"坏水 huàishuǐ"という液体をはかっていると説明することができるでしょうか。なるほど"肚子"も一種の容器とみなせなくもありませんし，"坏水"のほうも腹に詰まっているろくでもない考えを液体としてとらえているのでしょうから，そのかぎりにおいては，"一肚子坏水"と"一瓶子酒"には別に違いはありません。しかし，"酒"のほうは"一瓶子"，"两瓶子"……と数えていくことができますが，"坏水"のほうは"一肚子"，"两肚子"……と数えていくわけにはいきません。それに意味も，"一瓶子酒"のほうは単に「酒1びん」，「1びんの酒」ですが，"一肚子坏水"のほうは，単に数えているのではなく，腹いっぱいに詰まっていることを強調しているように見えます。

腹いっぱいの心配ごとや話したいことも（日本語なら腹ではなく胸いっぱいでしょうか），**"一肚子心事"**，**"一肚子话"** となります。"肚子" だけでなく，"脑袋 nǎodai"（あたま）のほうも思想を詰め込むことができます。あたまを容器としてとらえ，"袋" と称しているのもおもしろいですね。さすがに液体 "水" を詰めることはできません。思想なら詰めることができます。あたまいっぱいに詰まっているろくでもない考えは **"一脑袋坏思想"** です。

"肚子" も "脑袋" も身体の一部分ですが，上のような使い方は別に身体部位に限られているわけではありません。例えば **"一屋子人"**，これは人が部屋に満ちていることを言ったもので，"屋子 wūzi" を単位にして，人を1部屋分，2部屋分と数えているわけではありません。また **"一生"**（一生），**"一夏"**（夏中），**"一身"**（体中）などのように助数詞の役割を兼ねた名詞と結んだ場合も，その場所全体，その時間中ずっとという意味に使われます。"一路平安！"（道中ご無事で）というあいさつのなかの **"一路"** も，おそらくこの仲間でしょう。

もっとも，単に数えているのか，そこに満ちていることを言っているのか，どちらとも判断しにくい場合もあります。例えば **"一桌子菜"**。1卓分の料理ともテーブルいっぱいに並べられた料理とも，どちらにもとることができそうです。初めの "一瓶子酒" なども，場合によっては，例えば "喝了一瓶子酒" は，単に「酒を1びん飲んだ」ことを言っているのではなく，「まるまる1びん」という強調の意味を含んでいるかもしれません。

もう一度身体部位にもどります。いかにも不機嫌な表情を顔一面に浮かべていることを **"一脸不高兴"** と言い，見るからに

凶悪な人相は"**一脸凶气**"と言います。顔一面のそばかすは"**一脸雀斑**"。"雀斑 quèbān"というのはスズメの羽のもように似た斑点という意味です。

"一头白发"（白髪だらけ）の"**一头**"（頭中）も，同じ例です。"出一头汗"（頭に大汗をかく）という表現もよく見かけます。

"他说一口流利的北京话"（彼はなかなか流暢な北京語を話す）などと言う場合の"**一口**"も，同じ使い方と見てよいでしょう。一言だけ話すのではなく，口から出ることばがみなよどみのないものであることを言っているわけです。総入れ歯などというのもこの式で，"一口假牙"と言います。"假牙 jiǎyá"とは「かりものの歯」，つまり「入れ歯」です。

ことばは口で話しますが，字は筆で書きますので，字がうまいことを"写得一笔好字"のように"**一笔**"を用います。この"写得 xiěde"は「書くことができる」という可能の意味を含んでいます。

手や足の動作についてもこの式の表現を用いることができます。例えば，球技がうまいことを"打得一手好球"と言います。この"打得"も可能の意味をもっています。もしこの球技がサッカーなどのように足を使うものであれば，"踢 tī 得一脚好球"となります。

"**一鼻子灰**"というのをご存じでしょうか。「鼻一面の灰」，あまり体裁のよいものではありません。"碰了一鼻子灰"，"抹了一鼻子灰"のように"碰 pèng"（ぶつかる）や"抹 mǒ"（ぬぐう）と結んで，「しくじる」，「へまをやる」という意味の熟語をつくります。

11
人ひとつ

　別に中国語だけのものではありませんが、中国語の特徴としてしばしばあげられるものに助数詞があります。椅子は背もたれのところを握ることができるので"**把** bǎ"で数えるとか、テーブルは平らな面をもつので"**张** zhāng"で数えるとか、4本足の動物のなかでも犬は体が長く見えるので"**条**tiáo"で数えるとかいったことは、たいていの入門テキストに記されていますし、私も何度か取り上げたことがあります。

　確かに、中国語を習っていて助数詞の存在は目立ちますし、それが数えられる名詞の形体的特徴に従って使い分けられるという事実は、おおいに学習者の興味をひきます。私も含めて、どうもこれまで助数詞の目立ったところばかり強調しすぎてきたのではないかという反省を、このごろ少しするようになってきました。

　例えば上の椅子やテーブルにしても、"把"や"张"を用いて数えることは事実ですが、一方、その形体的特徴とは無縁の、いわば無色透明の助数詞"**个** ge"（箇・個）を用いて数えることも可能です。犬はさすがに"个"は用いませんが、別に動物一般に使われる"**只** zhī"（隻）で数えることは少しも差し支えありません。——こういうことはあまり取り上げられていませんし、まして両者の使い分けに触れられることはほとんどなかったように思われます。

日本語でたいていのものがひとつ，ふたつと数えられることはご承知のとおりです。もっとも，あまりなにもかもひとつ，ふたつとやりますと，「このごろの若いもんは……」と，お年寄りから小言を頂戴することになりかねませんが……。一方，中国語においても，かなり広い範囲の名詞にわたって"个"を用いることができます。こちらのほうも，あまり"一个""两个"を使いすぎますと，ご老人から，ひんしゅくをかうことになる事情に差はないようですが……。

　しかし，応用範囲の広い"个"を選ぶか，数えられる名詞の形体的特徴に応じて個別の助数詞を選ぶかは，必ずしも世代の違いや教養の差によってのみ分かれてくるものではなさそうです。

　上の椅子やテーブルにしても，同じ人が，ある時には"把"や"张"を使い，ある時には"个"を使っていることがしばしばあります。どちらを選ぶかは，椅子なりテーブルなりの形体的特徴を意識しているかいないかと，多少ともかかわりがあるものと推測されます。

　犬を"条"で数えるか"只"で数えるかについても同様のことが言えるでしょう。かがみ"镜子 jìngzi"を指して"**面** miàn"を用いれば面としての広がりを連想させますし，"**块** kuài"を用いれば，連想は広がりが枠や縁で限られている点に向かいます。一方，"**个**"を用いますと，どちらとも結びつかない，つまり形体的イメージを伴わない，単なるかがみ，かがみ一般になってしまいそうです。

　いす"椅子 yǐzi"との引き合いでしばしば話題になる"凳子 dèngzi"（背もたれのない腰かけ）にしても，これを"张"で数えるのは，腰をおろす部分の面に注目してのことですし，"**条**"

で数えるのは長さに注目してのことです。当然，一人がけの短い"凳子"は"条"で数えるわけにはいきません。"个"で数えた場合にはどのような形体的イメージも伴いません。

むし"虫子 chóngzi"も同様です。"条"を用いますと，ミミズやイモムシのような長い虫を思い浮かべますが，"个"ですとそのような長いものが浮かんできません。

したがって，助数詞の選択は形体的特徴に対する意識の強弱とかかわりがあると，一応整理しておくことができそうです。また，常に"个"を選ぶ傾向のある人は，事物の形体的特徴にあまり関心のない人であると，やや乱暴ながら，そんなふうにみなすこともできそうです。

"个"の使用範囲も，日本語の「個」やひとつ、ふたつと意外に重ならない部分があります。例えば，椅子やテーブルには，日本語でも絶対に使えないわけではありません。もっとも，使ってもお年寄りに笑われないかどうかは保証のかぎりではありませんが……。しかし，これが人間の場合になるとどうでしょうか。中国語の場合，"一个人"，"两个客人"は少しもおかしくありませんが，日本語で「人1つ」とか「客2個」とは，いくら乱暴な人でも言わないでしょう。

もちろん，敬意を表して，あるいはていねいに，お客さんを"位 wèi"で数えることはあります。しかし，ばくぜんと「ひと」を指す"人"には"位"を用いません。したがって，日本語の「ひとりのお方」は中国語に訳しようがありません。中国語のむずかしいところです。

12
ノートひとつ

　中国語でものを数えるのにいちばんよく用いられる"一个、两个、……"にあたる日本語は「ひとつ、ふたつ、……」か、あるいは中国語から来た「1個、2個、……」でしょう。それでは中国語の"一个、两个"と日本語の「ひとつ、ふたつ」あるいは「1個、2個」が常に対応しているかと言いますと、どうもそうではなさそうです。

　まず中国語では"个"を用いるのに日本語ではなにも用いなかったり、逆に日本語では「個」を用いて、あるいはひとつ、ふたつと数えるのに、中国語ではなにも用いないケースがあります。

　一个钟头　1時間。ご承知のように、1時間、2時間の時間、英語の *hour* にあたる語は、中国語では"钟头 zhōngtóu"と言います。"钟头"の"钟 zhōng"が「時計」を意味し、もともとは「鐘」であったこともご存じですね。1時、2時を"一点钟""两点钟"と、序数としてではなく、鐘が1つ鳴る時、2つ鳴る時と数えるところによく表れているように、中国語ではもともと時をきわめて具体的なものとしてとらえていました。"钟头"に助数詞を用いるのはそのなごりと見てよいでしょう。なおこの"钟头"は多分に口語的なことばで、同じく時間をいうのに、もう一つ"小时 xiǎoshí"があります。一昼夜を12に分けて子、丑、寅……を配した伝統的な計時法による"大时"

に対するものです。この"小时"に対しても"个"を用いますが，9時間までは，なにも用いずに，直接数詞と結ぶことも可能です。——なお日本語にもかつては「丑三つ」だの「明六つ」，「暮六つ」だのと，時を区分して一つ、二つと数える習慣がありましたが，今日では完全に廃れてしまいました。

　そのほか，時間に関しては，"秒 miǎo"（秒），"分 fēn"（分）が日本語と同じく助数詞なし。日にちのほうは，日本語が「いちにち」はあるが，「ににち」はなく，「ふつか」と言い，「さんにち」はなく，「みっか」と「さんがにち」が用意されているというふうに，相当込み入っているのに対し，中国語のほうは"一天""两天"と"天 tiān"だけで，きわめて簡単です。月は日中とも同じ。「いちがつ」「にがつ」の"一月""二月"に対し，「いっかげつ」「にかげつ」の"一个月""两个月"が対応しています。——ついでながら，この「いっかげつ」「にかげつ」の「か」は，中国語の"个"（箇）から来ています。1ヶ月，2ヶ月などと書くのは，早くから用いられていた"个"の字をまねて片かなの「ケ」をあてたものです。

　一年　1年。「年」になりますと，中国語も同じく"年 nián"ですが，こんどは，日本語が「いちねん」「にねん」と「いっかねん」「にかねん」の複線形であるのに対し，中国語のほうは"一年""两年"の単線形であるといったぐあいです。

　次は，日本語では個別の助数詞をもっているのに，中国語では"个"しか用いないケースです。

　一个本子　1冊のノート。日本語でノートを1つ、2つとか，1個、2個とか数えることは，まずありません。似たもので，書物"书 shū"は，"一本书"のように"本 běn"を用いて数

えます。同じく冊子状のものであるのに、どうして"书"は"本"で数えて、"本子 běnzi"は"本"で数えないのでしょうか。その理由は、もし"一本本子"と数えたとしますと、běnという音が続いてしまうからだと推測されます。しかし、すべての人がこれを嫌うのかというと、そうとも限らず、時に"一本本子"と"本"を使っているれっきとした中国人話者に出会うこともあります。

一个房间 部屋1間(ひとま)。部屋は一般に"间 jiān"を用いて数えます。"一间大厅"(1間(ひとま)のホール)、"两间卧室"(寝室2間(ふたま))、"三间教室"(教室3室)……。ところが、これも、なかに"房间 fángjiān"を"间"で数えるのを避けて、"个"を用いる人がいます。しかし、その人も、同じく部屋を意味する"屋子 wūzi"については、なんの抵抗もなく"间"を用います。これはどう説明したらよいのでしょうか。"一间房间"は1つあいだをおいてまた"间"が重なりますが、このこととは別に原因がありそうです。

単語のしくみの1つに、"马匹 mǎpǐ"(うま)、"纸张 zhǐzhāng"(かみ)、"船只 chuánzhī"(ふね)における"匹 pǐ""张 zhāng""只 zhī"のように、本来その名詞を数える助数詞であったものが後置されているものがあります。"房间"も実はその仲間なのです。ただ上の3つも含めて、この仲間の名詞は総称として用いられ、個別に数えられることは少ないのですが、どういうわけか"房间"だけは一つ一つ数えることができるのです。それで素姓が垣間見えてきますので、もう一度"间"を用いることを避ける心理がはたらくこともあるのでしょう。

13
"这"と"那"

　以前編んだ入門テキストの初めの課に

　　这个好，那个不好。（これはよい，あれはよくない。）

という例文を用い，何課か後に，こんどは

　　这是什么？　　　　（これはなんですか。）

　　那是字典。　　　　（それは字典です。）

という例文を出したところ，使っていただいた方から"这 zhè"と"这个 zhège"，"那 nà"と"那个 nàge"の違いを教室でどう扱えばよいかと聞かれて，説明に窮したことがあります。

　近くのものを指すのが"这"，遠くのものを指すのが"那"，そしてそれぞれに本来は助数詞の"个"が付いたのが"这个"と"那个"，ただし"个"の助数詞としてのはたらきは弱まっているから，たいていの場合，"这"と"这个"，"那"と"那个"は相互に置き換えが可能である。——ざっとこんなところが共通した理解でしょうか。

　それでは，初めの例文は

　　这好，那不好。

としてもよいのでしょうか，と問いが返ってきます。うーん，ちょっと考え込んでしまいます。理屈のうえではすこしもおかしくないのですが，話しことばとしては，もとのままの"这个""那个"のほうが自然なようにも思われます。述語が形容詞の場合，"这""那"よりも"这个""那个"が選ばれるという説

明を受けたことがあります。形容詞を用いて性質や状態になんらかの判断を加える文においては，漠然と"这""那"を用いるよりも，弱化したとはいえ，他から区別するはたらきを残す助数詞"个"を添えて，他とは違ってこちらはという意味で，"这个""那个"を用いたほうがよいのかもしれません。ただし，こういう問題を判断するうえで多くの人びとがよりどころとしている《现代汉语八百词》(吕叔湘主編，商務印書館，1980年) は，こういうことには触れていず，

  这很便宜。   (これはとても安い。)
  这倒不错。   (これはなかなかよい。)

を，普通に用いる文として挙げています。

 もう一つ，上に引いた"这是什么？"——"那是字典。"という例文について，中国人の先生から，答えは"这是字典"ではないかと言われたことがあります。私の理解では，ふたりの人が対座して一冊の字典を目の前にしている場合ならともかく，教室で教師が大勢の生徒と問答を交わしているような場面では，答えは"这是……"ではなく，"那是……"が適当だと思います。ところが，その先生は，それでも"这是……"だと言って譲られませんでした。別にこの先生は，意地を張って自説に固執されるような方ではありませんから，やはりそのような理解も成り立つのでしょう。

 これは，逆に日本人の学習者からの疑問ですが，

  这件衣服怎么样？ (この服どう？)
  这件衣服挺漂亮。 (なかなかすてきよ。)

の答えのほうは，"这件衣服"(この服)ではなく，"那件衣服"(その服)ではないかというのです。確かに，日本語の場合，

面と向かっていても，多少とも距離があれば，「その服」というのが普通でしょう。中国語では，この場合，"这件衣服"です。"那件衣服"としますと，自分たち以外の，第三者の衣服を指してしまいそうです。

　どうも，近いとか遠いとかいっても，物理的な距離に加えて，心理的な距離がかかわってきて，しかも後者には，個人間の差のほかに民族間の差のようなものがあって，これがことばを複雑にしているようです。

　"这"と"那"はまた，近くの人を指して

　　这是新来的同学。　　　（この人はこんど入ってきた人です。）

と言ったり，遠くの人を指して

　　那是谁？　　　　　　　（あの人はだれですか。）

とたずねたりするのにも用いられます。この限りにおいて，"这""那"は人を指して"他"や"她"と同じように使うことができると理解できそうですが，実は，"这""那"のこういう用法は，上のように"是"が述語を導く文に限られています。このことも先の《现代汉语八百词》に指摘されていますが，理由は述べられていません。私は，こういう場合の"这"や"那"は，見たところ人を指しているようですが，実際は場所を表していて，「ここ(にいる人)」，「そこ(にいる人)」というようにとらえるのがよいと考えています。いかがでしょうか。

14
"这"と"那"(続)

　自分の配偶者を指すのに，子供を介在させて，"孩子他爹"（この子のお父さん），"小红她妈"（小紅のお母さん）式の呼び方をすることがありますが，ここに見られるすでに出てきた"孩子"や"小红"をもう一度人称代名詞で指し直す表現は，"这""那"の使い方にも見られます。自身を指して"我这个人"と言い，第三者を指して"他那个人"と言うのが，その例です。日本語に改めますと，せいぜい「わたしという人」，「あいつというやつ（あの人ときたら）」ぐらいで，人称代名詞の"我""他"と"这个""那个"の両方を訳出することは，ちょっとむずかしいように思われます。これは，"你这个小坏蛋 huàidàn！"（このあくたれ小僧め）とか，"你这个懒 lǎn 家伙 jiāhuo！"（この怠け者め）のように，もっぱら相手をののしるのに用いられますが，この"你这个"も，「おまえというこの」と両方とも訳し出すわけにはいかないようです。

　場所を表す"这儿"や"那儿"の"我这儿"（私のところ），"他那儿"（彼のところ）という式の使い方も，まったく同じ発想からきているかと思います。"窗台这儿阳光充足"（窓ぎわのところはよく日がさしている）などという中国語は，理解はできても，なかなか口には出てきません。

　"她已经有你这么高了"（彼女はすでにあなたと同じぐらいの背丈になっている）とか，"今天没有昨天那么热"（きょうはきのうほ

ど暑くはない）という場合の"这么""那么"の使い方にも，似たような発想が見られます。まず，相手の背の高さ，あるいはきのうの暑さを思い浮かべさせておいて，それをもう一度"这么""那么"で指し直すわけですが，日本語では普通このようには思考しませんので，"这么""那么"を捨てて，「あなたほど」，「きのうほど」とでもしておくしか方法がありません。

"今天怎么这么热闹？"（きょうはどうしてこんなにぎやかなんだろう），"他怎么那么淘气？"（あの子はどうしてあんなにいたずらなんだろう）などという場合の"这么""那么"は，眼前に比較するものがありませんが，このような場合にも"这么""那么"を使うことができます。こういう場合に限って，日本語にも，「こんなに」「あんなに」という言い方が発達しているのは，たいへんおもしろいと思います。

数量表現と一緒に用いる"这么""那么"にも，同じ発想からくる使い方が見られます。"有这么二十多岁了"（およそはたちをすぎている），"念过这么两年书"（たった2年だけ勉強したことがある），"只有这么一个孩子"（あの子ひとりしかいない）などにおいても，年齢，期間，人の数などを頭のなかに想定して，それを"这么""那么"で指し直すことによって，数が多いこと，あるいは少ないことを強調していると見ることができるかと思います。

紙を指して"这张纸"と言い，椅子を指して"那把椅子"と言うような，"这"や"那"が直接助数詞"张""把"と結びつく用法も日本語にはないものです。"一张纸"（1枚の紙），"一把椅子"（1脚のいす）のように，数詞と結ぶ使い方は，日本語でも定着していますが。日本語では普通に助数詞と称している，

この"张"や"把"の類の語を指す術語を,中国語の文法用語としては避けたがる人がいるのは,中国語の場合,これらの語の主要な用法の一つに数詞と直接に結ばない用法が存在するからです。

この"这张纸"や"那把椅子"のような表現も,上に指摘した代名詞で指し直す表現に通じるものがあると,私は見ています。中国語の助数詞が形体を指示する性質を強く帯びていて,"张"はピンと張った面を有していること,"把"は手で握ることのできる部分をもつことは(もっとも椅子の場合は背をもたせかける部分ですが),しばしば言われるとおりですが,こういう指示性の強い語を"这"や"那"と一緒に用いることを嫌わない,あるいは好んで一緒に用いるという事実は,中国語という言語の特徴を知るうえで,注意しておいてよいと思います。

これまでの例でもわかるように,"这"や"那"の類を用いた指し直しは,多く強調の表現に用いられます。助数詞も,その役割の一つは形体の強調にあると見てよいでしょう。したがって,例えば買い物の場合のように,実物を目の前にしていて,どれを選ぶかだけを意志表示すればよいような場面では,助数詞の出番は少なく,"我买这衣服"(私はこの服を買う——"这件衣服"と言わなくてもよい)で事が足り,また用いるにしても,"我要这个"(私はこれがほしい)のように,指示機能の弱化した"个"で十分であって,いちいち"这本""这张""这件""这条"などと言う必要はないわけです。

15
ふたつの「どうして」

　中国語の"怎么 zěnme"に「どう」,「どのように」と方法や方式を聞く使い方と,「なぜ」,「どうして」と原因や理由を聞く使い方があることは,たいてい取り上げられていますから,ご存じでしょう。
　　这句话怎么翻译好呢？（この文はどう訳せばよいでしょうか。）
　　从这儿到车站怎么走？（ここから駅までどう行きますか。）
などは前者に属する使い方ですし,
　　你昨天怎么没来？　　（きみはきのうどうして来なかったの？）
　　你怎么不看那个电影？（きみはどうしてあの映画を見ないの？）
などという使い方は,後者に属します。
　上の例では,一応,前者を「どう」,後者を「どうして」と訳し分けてみましたが,常にこの訳し分けが通用するわけでもなさそうです。
　例えば,
　　车票怎么买？　　　（切符はどうして買うのですか。）
　　这些行李怎么拿走？（これらの荷物はどうして運びますか。）
などにおける"怎么"は,前者の使い方に属しますが,「どうして」という日本語に置き換えることが可能です。
　つまり,日本語の「どうして」にも,「どのようにして」,「どんな方法で」という使い方と,「なぜ」,「どんな理由で」という使い方の,両方が存在していることがわかります。

日本語の2つの「どうして」がどのように使い分けられ，それこそ，どうして混乱をきたすことなく伝達がなされているのかについては，いろいろな解釈ができることと思います。ただ，いずれにしても，

　　きみはどうして行くの？

のように，場に頼らなければ，どちらの使い方とも決めにくい「どうして」が存在することも，事実のようです。

　中国語の

　　你怎么走？

も，おそらく，「どのようにして行くのか」，「なぜ行くのか」の両方の意味に解釈できると思います。

　こういう，話の場や前後関係に頼らなければ，どちらの用法か区別しようのないケースが存在することも事実ですが，たいていの場合，文自体に，どちらの用法であるかを区別する手がかりが存在しているようです。

　その手がかりは，特に後者の「なぜ」，「どうして」と原因・理由を問う用法のほうに，はっきりと求めることができそうです。

　初めに挙げた2つの例文もそうですし，

　　她怎么还不回来？　　（彼女はどうしてまだ帰って来ないのか。）
　　你怎么没去长城？　　（きみはどうして長城へ行かなかったの？）

などもそうですが，この用法では，多くの場合，後に否定の副詞"不"や"没"を伴っています。

　もう1つは，

　　这怎么能给你呢？　　（これはどうしてきみにあげられようか。）

他怎么会知道这件事？　　（彼はどうしてこのことを知っているのか。）

のように，後に"能"や"会"のような助動詞を伴っていることです。

　それから，これは形容詞が述語になっている場合ですが，
　　今天怎么这么闷热？　　（きょうはどうしてこんなに蒸し暑いのか。）
　　他怎么那么调皮？　　（あの子はどうしてあんなにやんちゃなのか。）

のように，"这么"や"那么"のような，程度を指示する語を伴っていることも，特徴として指摘しておいてよいでしょう。この"这么"や"那么"を用いずに，「なぜ」，「どうして」と形容詞を修飾する場合には，

　　北极为什么冷？　　（北極はなぜ寒いのか。）
　　天空为什么蓝？　　（空はなぜ青いのか。）

のように，"怎么"ではなく，"为什么 wèi shénme"が用いられます。

　用例からもわかるように，同じく「なぜ」，「どうして」であっても，"怎么"のほうが，どちらかといえば，人間界の出来事についていぶかる気持ちで尋ねたり反問したりする傾向が強いのに対し，"为什么"のほうは自然界の現象についてその道理や法則のようなものを問うことが多いようです。もちろん，これを人間界のことにも使うことができますが，例えば，先の"怎么没去长城？"が，「せっかく北京に来ていながら」という語気を含むのに対して，これを"为什么没去长城？"としますと，そういう語気は消え，端的に理由を尋ねる表現になります。

16
ふたつの「どうして」(続)

　まず前回の補足をしておきます。
　それは，"怎么"が原因・理由を問う用法になる場合の条件についてですが，先に挙げた，後に否定の副詞"不"や"没"を伴うこと，"能"や"会"のような助動詞を伴うことのほかに，もう一つ，文末の助詞"了"も，どうやらかかわっているらしいことです。

　　你明天怎么去？
　　你昨天怎么去了？

　この2つの文，可能性としては，方法・方式と原因・理由の両方を問うていることになりそうですが，実際には，前者は方法・方式で「どのようにして」，後者は原因・理由で「なぜ」，「どうして」と聞いているのが普通です。その区別に，どうやら"了"がかかわっているらしいというのが，このごろ気がついたことで，では，なぜ"了"にそのような区別をもたらすはたらきがあるかは，まだよくわかりません。

　話をもとに戻して，原因・理由を表す"怎么"と"为什么"の違いを，もう少し考えてみることにします。先に，"怎么"のほうは，人間界の出来事についていぶかる気持ちで尋ねたり反問したりする傾向が強いのに対し，"为什么"のほうは，自然界の現象についてその道理や法則のようなものを問うことが多いと，一応の整理をしておきました。今でも出ているのかどう

かは知りませんが、私が中国語を学び始めていくらもたたないころ、初歩の科学知識を問答形式でわかりやすく解説したシリーズがあって、例の「光はなぜガラスに遮られることはないか」だの、「とんぼは雨の前になぜ低空を飛ぶか」だの、「猫はなぜ暗やみのなかでも目が見えるのか」だのといった、子供のころ『なぜなぜ教室』で読んだ古典的な疑問に、中国式のたとえを引いたりしながら、なかなか楽しく解説がなされていました。このシリーズの名は《十万个为什么》というものでした。直訳すれば「10万個のなぜ」ですが、もちろん、問いの数が実際に10万個もあったわけではありません。"十万个"は単に数が多いことを言ったに過ぎません。――ちょっと大きすぎるようですが、そこはまあ「白髪三千丈」の国ですから。それよりも私は、"为什么"のほうに興味があります。こういう理科の知識を解説する場合の「なぜ」は、やはり"为什么"でなくては具合が悪いのでしょう。日本語の『なぜなぜ教室』もうまい命名ですが、中国語の《十万个为什么》は秀逸だと思いませんか。

　余談の余談ですが、その後、家族で中国に滞在したおりに、理科好きの息子が愛読していた読物に、《动脑筋爷爷》というのがありました。こちらは、先の《十万个》よりももっと低学年向きの、漫画ふうのものでしたが、この命名もおもしろいと思いました。『もの知り博士』といったところでしょうが、子供の素朴な疑問に答えてくれるのが、「博士」ではなくて「おじいさん」、またこの「おじいさん」が、初めから「知っている」のではなくて、子供と一緒に「頭を働かせて」考えるところが、なかなか楽しいところです。――もうかれこれ10年前のことですが、読み古した小冊子が何冊かまだ残っていて、大学

生の息子も，私もたまに取り出してページを繰っています。"动脑筋"，よいことばだと思いませんか。

それにしても，子供はどうしてあんなに「なぜ」が多いのでしょう。世の親たるもの，たいていみな，この「なぜ」に立往生させられた経験があるのではないでしょうか。そんなとき，"你的'为什么'真多！"（お前は「なんでなんで」が多過ぎる）だの，"你怎么总问'为什么'？"（お前はどうしていつもそう「なんでなんで」とつきまとうんだ）だのと，突き放してしまっては失格です。——なんて，柄にもないお説教を始める気は毛頭ありません。この２つの句，特に後のほうの"你怎么总问'为什么'？"から，"怎么"と"为什么"の使い分けを体感していただきたいだけです。

あまり堂々めぐりをしていると，「お前はなんでいつまでも…」と，おしかりを受けそうですが（この「なんで」は"怎么"か"为什么"かなんて悪乗りはよしましょう），次のような場合にも，使い分けが見られます。

　　他怎么会讲汉语？
　　他为什么会讲汉语？

ともに「彼はどうして中国語が話せるのか」ですが，前者は反語的に用いられていることが多く，「話せるわけがない」と言っているのです。後者は普通に理由を聞いている文ですから，例えば"因为他在中国留过学"（中国へ留学したことがあるから）のように答えればよいわけです。

17
わたしはまた わたしもまた

"**我也是学生。**"

「私は学生です」という日本語を中国語に改めると,言うまでもなく,"我是学生"となります。

「私も学生です」はどうでしょうか。"我也是学生"——これも造作はありませんね。

それでは,この"我也是学生"は,常に「私も学生です」でしょうか。「私も学生です」という表現は,だれかほかの人,例えば「彼」が学生であるというのを受けて,「私も」と言っているのですが,かりに私が勤労学生であって,どこかで働いていたとしますと,"我也是学生"は,「私は学生でもあります」という意味になってしまいます。

　　a)（他有姐姐。）我也有姐姐。
　　b)（我有哥哥。）我也有姐姐。

簡単ですね。a)が「私にも姉がいます」で,b)は「私には姉もいます」ですね。"我也喜欢她"などというのは,どういうことになるのでしょうか。前提の違いによって,a)「私も彼女が……」,b)「私は彼女も……」。いずれにしても,ややこしいことになりそうですね。

"**他又是诗人。**"

「私も学生です」という日本語は,"我也是学生"としか訳しようがなさそうですが,「私は学生でもあります」は,ほかに

"我又是学生"という訳もできそうです。「学生」の場合,あまり適切な組合せが思い浮かびませんが,例えば「画家」でもあり,「詩人」でもある人がいたとしますと,この人について,

  他是画家,也是诗人。

ということも,

  他是画家,又是诗人。

ということも,どちらも可能であります。当然,

  我又有姐姐。(私には姉もいます。)

という言い方も,問題なしということになります。

"他还是诗人。"

 こんな表現が前後の脈絡なしに現れると,どう理解してよいのか,おおいに悩まされますが,少なくとも,

  他不仅是画家,还是诗人。(彼は画家であるばかりか……)

のような文脈における"还是诗人"は「詩人でもある」となりそうです。

 そうしますと,「彼は詩人でもある」という日本語は,

  a) 他也是诗人。
  b) 他又是诗人。
  c) 他还是诗人。

の,いずれの中国語に改めても正解であろうということになります。a)を画家であることと詩人であることとの並列,b)を両者を兼ねていることの強調,c)をそのうえに詩人でもあることの付加表現というふうに整理しておいてよいかと思います。

"这一次又失败了。"

 それでは,上の"也""又""还"は,多少のニュアンスの相

違があることを除けば，常に置き換えて言うことができるのでしょうか。

　今回も失敗した。——これは，もちろん「前回も失敗した」ことを前提にした表現です。

　　　（上一次失败了。）　a）这一次也失败了。
　　　　　　　　　　　　b）这一次又失败了。

　a）、b) いずれも成り立ちます。ただし，"还"は使えません。"还"は，同一の主語に対して，もう一つ別の説明を付け加えるはたらきをする副詞であるからです。

"明天也行。"

　あしたでもかまいません。——これは，例えば「きょうでもかまいません」を前提にしています。

　　　今天也行，明天也行。

　上と同じ理由で"还"は使えません。"又"も使えません。どうしてでしょうか。次回に考えてみることにしましょう。

18
きょうもまた あしたもまた

"今天又来了。"

「きのうも……きょうも……」のように時間的な先後関係を伴う「も」も，日本語との対応関係がかなり込み入っています。

  昨天也来了，今天也来了。(きのうも来た，きょうも来た。)

この文は問題ありません。それでは，

  昨天也来了，今天又来了。

は，どうでしょうか。これも問題ありません。"又"は，すでに行われたのと同じ動作が，もう一度繰り返されたことを表しています。

同じ「きのうも……きょうも……」でも，「きょう」の動作がまだ発生していない場合はどうでしょうか。話をわかりやすくするために，「きのうも……あしたも……」としてみましょう。

  昨天来了，明天也来。

これは問題ありません。もっとも，後半は未来のことを言っているのですから，"明天也要来"としたほうがよいかもしれません。

  *昨天来了，明天又来。

は，言うことができるでしょうか。これは言えません。"又"は，同じく動作の繰り返しであっても，まだ発生していない動作については使うことができないからです。

単純な繰り返しではなく、「きのう来た、(にもかかわらず)あしたも……」というような場合には、"还"を用いて、

　　昨天来了，明天还要来。

と言うことも可能です。

"明天再来。"

　これはちょっと誤解しやすい表現です。「(私は) あした改めて来る」、「(あなたは) あした改めて来なさい」という意味ですが、この表現においては、きょう来ているかどうかは問題になっていません。例えば、電話で来訪の意向が伝えられたとき、もし都合が悪ければ、"今天没有时间，你明天再来吧"(きょうはひまがありません、あしたにしてください) と返答することができます。

"明天再来一次。"

　本当にもう一度出直してくる場合には、動詞の後に回数を表す補語"一次"を置きます。

　次のa)、b) の文の違いを考えてみてください。

　a) 我吃完饭再去。

　b) 我吃完饭再去一次。

a) は、「食事が済んでから行く」と言っているだけで、これまでに行ったことがあるかどうかは問題になっていません。b) は、すでに行ったことがあるが、もう一度行くと言っています。

　"再来一杯"(もう1杯)、"再吃一碗"(もう1膳)、"再唱一支"(もう1曲) などの"再"も同様で、数量を表す語句と結ぶことによって、繰り返しの動作を表しています。

"吃完饭还要去。"

　これは回数を表す語を伴っていませんが、すでに行ったこと

のある人が,「食事が済んでからもう一度行く」と言っている表現です。上に述べたように, "还" には「にもかかわらず繰り返して」というような語気が含まれているからです。"一次" を加えて "还要去一次" としてもかまいません。

"还要什么？" "还要什么吗？"

「ほかになにか要りますか」という日本語に対応する中国語として, 上の2つが考えられます。厳密に言いますと, 前の文の "什么" は疑問代名詞ですから, "还要什么？" は「なにが要りますか」で, 不定代名詞の "什么" が使われている後の文が, はじめて「なにか要りますか」の意味になるというような違いはありますが, 実質的には, 同じ場面でどちらを使っても問題なさそうです。

"还要什么？" を "再要什么？" と言うことはできません。"再要什么吗？" が成り立つかどうかは微妙なところです。言えるという人もいますし, 言えないという人もいます。

"还要喝啤酒吗？"

 a)（日本酒のほかに）まだビールを飲みますか。

 b)（すでにビールを飲んだのに）まだビールを飲みますか。

2つの日本語は, 中国語でも同じ表現になります。

19
切符がない 切符を買う

"没票买票。"

　北京の街をバスが縦横に走っていて、あの自転車とともに通勤、買い物の足となっていることは、よく知られているとおりです。

　このバスに乗りますと、たいていは女性の車掌さん"售票员 shòupiàoyuán"が北京なまりの早口で切符を売りに回ってきます。よく聞いてみますと、"没有票的同志，请你买票"と言っているのが普通のようです。「切符をお持ちでない方は、どうぞお求めください。」乗客のような不特定の対象には"同志 tóngzhì"を使います。〔もっとも、近ごろは"同志"があまり振るわなくなり、"乘客 chéngkè"が多く使われるようになってきましたが。〕"请你买票"のところを"请主动买票"と言っていることもあります。"主动 zhǔdòng"は「自発的に」という意味ですから、催促されないうちに、進んで申し出よと言われているようで、なにやらすごみが感じられます。——事実、故意かうっかりかは知りませんが、切符を買わずに降りようとして、口汚くののしられている人を見かけたことが何度かあります。

　なかに、もっと早口で、メイピアオマイピアオ、メイピアオマイピアオと、まるで呪文でも唱えているような調子で回ってくる人もあります。これが"没票买票"で、「切符のない方は

お求めください」をギリギリまで節約した中国語であるということを知るまでに、かなりの時間が必要であったのを思い出します。

わかってみますと、この"没票买票"ほど中国語らしい表現はありません。"没票"（切符を持っていない）と"买票"（切符を購入する）の間に、両者をつなぐことばはなにも入っていません。どれかの語の末尾が微妙に変化して、仮定であることを表したり、その帰結であることを示したりするという仕掛けもありません。ただただ2つの事実を提示しただけ、その事実がどう関係しているかの判断は、話の場にゆだねられる——こういう特徴を、中国語には、はっきりと見てとることができます。

"昨天下雨，我没有出门。"

教室で「きのうは雨だったので、私は出かけなかった」という日本語を中国語に改めてもらいますと、えたりやおうとばかりに、お得意の"因为……所以……"を持ち出してきて、"因为昨天下雨，所以我没有出门"とやる人がいます。な・ぜ・な・ら・ば・……、そ・れ・ゆ・え・に・……。すこしもまちがってはいないのですが、いかにもおおげさな感じがします。こういう場合、中国人が話すのを聞いていますと、"因为"または"所以"の一方を省いて、

　　因为昨天下雨，我没有出门。

　　昨天下雨，所以我没有出门。

としたり、あっさり両方とも省いてしまって、

　　昨天下雨，我没有出门。

としているのが、むしろ普通のようです。

「時間がないので行かない」は"没有时间，我不去。"、「疲れたから寝る」は"太累了，我要睡觉"で十分で、いちいち"因

为……所以……"を持ち出してきて，たいそうな言い方をする必要はありません。

"你去，我不去。"

入門テキストの初めのほうに，よくこんな例文があります。「あなたは行く，私は行かない。」——もちろんこれでよいのです。

しかし，この中国語は，すこし意地悪をしてみますと，いくとおりにも解釈できます。

　　あなたが行くなら，私は行かない。

別にふたりも行く必要がないからでしょうか。

　　あなたが行くので，私は行かない。

ふたりは仲たがいでもしているのでしょうか。もっと強めて，

　　あなたが行くからには，私は行かない。

などという日本語に移すこともできます。これをいちいち，

　　如果你去的话，我就不去。

　　因为你去，所以我不去。

　　既然你去，我就不去(了)。

のように言うことは，もちろんできますが，舌足らずならぬ，舌あまりの中国語という感じがします。

"旧的不去，新的不来。"

うっかりコップを割ったりしますと，こう言って慰めてくれます。「古いのがなくならないことには，新しいのが現れない」→「おかげで新しいのが使える」ということでしょう。

20
なら? ので?

"老的不下去，新的上不来"

前回の"旧的不去，新的不来"で、こんなのを思い出しました。いつごろから使われはじめたのかはよく知りませんが、ここ何年か指導者の世代交代を説くときに、ときどき目にすることばです。「古い幹部が退かないことには、新しい幹部が登場できない」と、前半を条件に読めばよいのでしょうか、それとも、「古い幹部が退かないので」と、原因に読むのでしょうか。——中国語としては、「古い幹部が退かない」という事実と、「新しい幹部が登場できない」という事実とを、ただ提示しただけです。それが条件と帰結の関係にあるのか、原因と結果の関係にあるのかは、狭い意味での「文法」を超えた、客観的な事実や読み手の主観によって決められるもののようです。

"老子英雄儿好汉"

これもよく耳にすることばですが、「おやじが偉ければ子も偉くなる」といっているのか、「おやじが偉いので子も偉くなった」といっているのか、はっきりしません。小説などでもよく見かけますが、時に前者のようであり、時に後者のようでもあります。

そのほか、思いつくままに:

"没事儿找事儿":「用事がない」+「用事をさがす」→ 用もないのに騒ぎたてる；余計なことをする、平地に波を立てる。

"有钱能使鬼推磨":「お金がある」+「鬼にうすをひかせることができる」→ お金がありさえすれば……; 地獄のさたも金次第。

"有钱难买子孙贤": たとえお金があったとしても子孫の才能までは買うことはできない。

"天天锻炼身体好": ラジオ体操の歌にこんな一句があったかと思います。「毎日鍛える」+「健康である」→ 鍛えたなら……（?），鍛えているので……（?）

"爱去不去": 行きたければ行け。この表現の分析は自信がありません。「行きたい」+「行かない」→ 行きたければ行け,（行きたくなければ）行くな。こういうふうに理解できるかと思いますが，関係を表す語を極度に節約してしまった慣用表現であるところから，理解のむずかしさが生じているようです。"爱"が動詞で"去不去"が客語であると見て,「行くか行かないか」は「好きなようにせよ」というふうに解することもできそうですが，"爱去／不去"のように切って用いられているのが，ちょっとひっかかります。

　"爱信不信"（信じようと信じまいと勝手である），"爱说不说"（話したくなければ話さなくてもよろしい）なども同じ表現で，やや不機嫌に,「どうぞご随意に」と突き放しています。

"学而时习之" "人不知而不愠"

　「学ビテ時ニコレヲ習フ」,「人知ラズシテ慍ミズ」。例の『論語』のいちばん初めの章に見えることばです。「学問をしてそして機会があるごとにこれを実地に試してみる」,「世間の人がたとえ自分を認めてくれなくてもくさったりすねたりしない」。"而 ér" という接続詞が，一方では2つの並べられた事実をつなぐだけに用いられているのに対し，もう一方では，同じく並

列には違いないのですが、前の事実と後の事実とがすんなりとはつながっていません。人が認めてくれなければ、腹を立てたりすねたりするのが常の人間でしょう。それを、「そうであっても」、「にもかかわらず」と続けているのです。

「漢文」をお習いになったとき、同じ"而"が、時に「しこうして」と読まれ、時に「しかるに」と読まれるのに戸惑った経験はありませんか。なるほど"而"という語は、接続機能は確かにもっているのですが、接続される2つの事実の関係までは示す力をもっていないのです。そういうことを踏まえたうえで、やや遠慮がちに、そっと日本語に移したのが「人知ラズシテ」という訓読です。これを思い切って「人知ラザレドモ」と読んだほうが、ずっと意味がはっきりします。

"君君、臣臣、父父、子子"

政治の根本を聞かれたとき、孔子が答えたことばだそうです。『論語』のなかほど過ぎの章に見えます。「君は君らしく、臣は臣らしく、……」と言っているようですが、単に並べているだけなのか、「君が君らしくあれば、臣も臣らしくあり、……」と、上に立つ者の心構えを説いているのか、もうひとつはっきりしません。訓読は、そのまま忠実に、「君、君タリ、臣、臣タリ」と日本語に置き換えるにとどめています。

"朝聞道、夕死可矣"

よく知られている孔子のことばです。「朝ニ道ヲ聞カバ」と仮定に読むのは、意味をとって日本語に移したものです。

II

どこがおかしい？
　　なぜおかしい？

21
数の表現(一)

　入門期の中国語の授業を担当していますと，はじめての学習ですから当然のことですが，つぎつぎと誤りが飛び出してきます。それらのなかには，答えた当人が頭をはたらかせようとせずに，出まかせに口にしただけの，いわば一過性の珍答もありますが，また一方，真剣に考えた末に答えたものであるにもかかわらず，みごとに誤っていたというものも少なくありません。この後者の誤りには，誤るべくして誤った，一種の「誤りの法則」が見られます。これまでに出会った誤用例を思い起こしながら，それがなぜ誤りであるかを見ていきたいと思います。

　まず数をめぐるものから取り上げてみましょう。

どこがおかしい？

① 百 (×100)

② 一百八 (×108)

③ 一千八 (×1008)

④ 一千八十 (×1080)

なぜおかしい？

　1から99までの数は，もちろん読み方は異なりますが，その表し方の仕組みは日本語と同じですから，口に出して言うまでの時間，つまり反応に多少の速い遅いはあっても，これをまちがえる人はまず，いません。しかし，99を越えますと，つまり3ケタの数になりますと，途端に誤答が飛び出します。

まず①の，3ケタのはじめの100。日本語でキュウジュウハチ、キュウジュウキュウ、ヒャクと続くのにつられて，"百 bǎi"だけで答える人がいます。しかし，これは，「日本語のヒャクはイッピャクのイチを省いたものであり，中国語ではこういう場合の省略は行われない」という説明で，たいていは納得してくれます。なかに，「でも，10は"一十"ではなくて，"十"でしたね」と，まだ納得できない人がいます。これは当然の疑問です。実は，"十"は"一十"の省略形であって，この位を表す数の前での"一"の省略は，日本語と違って，"十"の前でのみ行われるのです。"百"や"千 qiān"，"万 wàn"の前では，省略は行われません。しかも，"十"の前であっても，3ケタになると，"一百一十"（110）、"一百一十一"（111）、"一百一十二"（112）……というぐあいで，もはや"一"の省略は行われないのが普通です。

　次に，②の"一百八"。これは108ではなくて，実は180のことです。（108は"一百零八"と，間に"零 líng"を用います。）"一百八十"の"十"が省略されているのです。その後に端数を伴っていなければ，最後の位は省略できるというのが，中国語の数の表現の通則です。したがって，③の"一千八"も，実は"一千八百"の"百"が省略されたものであって，1008ではなくて，1800のことなのです。当然，1880は"一千八百八"ということになります。

　それでは，1008はどう言えばよいのでしょうか。それには，あいだに空位があることを示す"零"を用いて，"一千零八"とします。この場合の"零"はゼロのことではなく，位がとぶことを表す語ですから，あいだにゼロが2つあっても，"零"

は1つしか用いないということにも注意しましょう。

　④も，1080と言いたいなら，この"零"を用いて，"一千零八十"とします。理屈から考えてみますと，"一千八十"という表現は，たとえ"零"を用いなくても，他の数と混同されるおそれはなさそうですが，それでも必ず"零"を用います。なぜでしょう？　なるほど，目で見た場合は，"一千八十"はまず誤解の余地がありませんが，音で聞いた場合はどうでしょうか。一瞬のあいだのことに過ぎませんが，"一千八"まで聞いたとき，1800を思い浮かべてしまいます。伝達の過程に無用の混乱を持ち込まないという話者の知恵が，こういう"零"の使い方を生みだしたのでしょう。

　時刻の表現で，"両点零四分"（2時4分）のように"零"を用いるのも，まったく同様の発想によるものと思われます。

　それでは，こういう"零"の使用は，中国語の数の表現の鉄則で，絶対に抜かしてはならないものでしょうか。さよう，鉄則です——と申し上げてよいかと思います。昔の書きことばではそうではありませんが，現代中国語に関するかぎり，このルールはしっかり守っていただかなければなりません。

　ここで応用問題を一題。「アラビアン・ナイトの名で知られている説話集『千一夜物語』は，中国語ではなんと訳されているでしょうか。」

　答は《一千零一夜》です。かつては《天方夜譚》などとも訳されていたようですが，いまはこの名で親しまれています。

22
数の表現(二)

　月と日の表し方を練習したあと，週を表す"星期xīngqī"を教え，月、火、水、木……が，日本語と違って，一、二、三、四……の数字で示されることに触れ，さて実際に，「5月1日火曜日」は，と問うてみますと，

　＊5月1号二星期

などという珍答が飛び出します。

　"星期"は「週」であって，「曜日」ではありません。したがって，2番目の曜日という意味で"二星期"ということはできません。週のうちの2番目を表す"星期二"として，はじめて火曜日の意味になります。

　それでは，"二星期"という中国語は存在しないのでしょうか。絶対に存在しないとは言いきれませんが，少なくとも，耳で聞いてよほど奇妙な中国語であることは，まずまちがいありません。目で見て，辛うじて，「2週間」の意味でパスというところでしょう。もちろん，「2週間」の通常の言い方は，口で言うのも，字で書くのも，"两个星期"です。序数ではなく，ひとつ，ふたつと数えるときには，"二"ではなく，"两"を用いること，数詞と名詞のあいだに適切な助数詞をおくことが，この場合のポイントです。

　それでは，次の問いに挑戦してみましょう。いずれも"二"と"两"の使い分けを問うています。

どちらが正しい？

① 2月 { a) 二月 / b) 两月 }　　② 2か月 { a) 二个月 / b) 两个月 }

③ 2日 { a) 二号 / b) 两号 }　　④ 2日間 { a) 两天 / b) 两个天 }

⑤ 2時 { a) 二点 / b) 两点 }　　⑥ 2時間 { a) 两钟头 / b) 两个钟头 }

まず正解を示しておきますと，次のとおりです。

①－a)，②－b)，③－a)，④－a)，⑤－b)，⑥－b)

どこが，なぜおかしい？

まず，①のb)の"两月"ですが，1月、2月……の2月は，2番目の月という意味ですから，序数の"二"を用いなければなりません。②の2か月は，こんどは序数ではありませんから，ルールどおり"两"を用い，助数詞の"个"を添えて，"两个月"が正解ということになります。

同様に，③の2日は序数ですから，"二号"が正解で，"两号"はバツ。——以下も同様に，といきたいところですが，この先がいささか面倒です。④の2日間は，日数をいう場合は，日付をいう"号"と区別して，"天"を用いるところまでは問題ないのですが，この"天"は，"月"とは違って，助数詞を用いて数えることができません。ことばを換えて言いますと，"天"という名詞は，それ自身が助数詞の性質を兼ね備えていて，他の助数詞を介さずに，直接に数詞と結ぶことが可能です。それで，a)の"两天"が正解で，b)の"两个天"は誤りということになります。

それでは，なぜ2か月が"两个月"と"个"を必要とし，2

日間のほうは，"両天"だけでよいというような，「不公平」が生じるのでしょうか。それは，2月と2か月の場合，ともに"月"を用いるため，"个"を用いることによって，序数ではなく，月数をかぞえていることをはっきりさせなければならないのに対し，2日と2日間の場合は，もともと"号"と"天"とが使い分けられているため，"个"の助けを借りなくても，混乱が生じる恐れがないからであると，こう見ることができます。
——もし，前者に"个"を用いなければ，"二"と"两"の使い分けのある2月と2か月はまだよいとしても，それ以外の月，例えば3月と3か月は，ともに"三月"となってしまい，伝達に混乱が生じることになってしまいます。杜甫の《春望》という詩のなかの"烽火连三月，家书抵万金"という句の"连三月"が，「もう3か月間も」ということなのか，「3月に入っても」ということなのか，よくわからないのは，詩や文言文では助数詞が省略されることが多いからです。

　⑤の2時は，"二月""二号"にならって，"二点"としたいところですが，これは"两点"が正解です。時計は，"钟"（鐘）という語からもわかるように，時を告げる鐘から生まれたもので，"两点"というのは，「鐘をふたつ撞く時刻」ということであって，2番目の時刻という意味ではないのです。したがって，"二"ではなく，"两"を用いるのが正解ということになります。

　⑥の"钟头"も，もともと「鐘」と結びついた，極めて具体的な時間の単位ですから，やはりひとつ，ふたつと数えて，助数詞"个"を用います。これが，同じ時間を表す語であっても，"小时"になりますと，"个"の助けなしに，"两小时"とすることもできることは，すでに第12話に述べたとおりです。

23
数の表現(三)

どちらが正しい？

① 2時　　 {a) 二点钟
　　　　　 b) 两点钟

② 2学年　 {a) 二年级
　　　　　 b) 两年级

③ ふたり　{a) 二个人
　　　　　 b) 两个人

④ 2キログラム {a) 二公斤
　　　　　　　 b) 两公斤

⑤ 22,000　{a) 二万两千
　　　　　 b) 两万二千

今回も"二"と"两"の使い分けの問題です。まず正解を示しておきましょう。

①－b)，②－a)，③－b)，④－b)，⑤－b)

どこが，なぜおかしい？

"二"と"两"の使い分けに関する基本的な知識として，1番目、2番目と順序を数える場合には"二"を用い，ひとつ、ふたつと数をかぞえる場合には"两"を用いるということは，すでに習っておられるかと思いますが，実際には，そう明快にはいかないところも残るようです。

まず①の時刻ですが，時刻の1時、2時は，月の1月、2月や，日にちのついたち、ふつかのように順番を表しているように見えます。しかし，中国語における2時が，実は時を告げる鐘が2つ鳴る時間であることは，前回のおしまいに触れたとおりです。したがって，①の2時は，「ふたつ時(どき)」式の発想で，

b)の"两点钟"が正解ということになります。

②は，学年の2番目ということで，a)の"二年级"で問題はありません。これをわざわざ取り上げたのは，日本人のわたしたちよりも，むしろ本場の中国人のほうに問題があって，一部の方言で，例えば上海あたりの人は，平気で"两年级"と言っているからです。

③のふたりも，b)"两个人"で問題がなさそうです。ただし，"人"という語は，しばしば助数詞なしで使われます。その場合は，どういうわけか，"二人"でも"两人"でもかまいません。前者のほうが，いくぶん改まった表現のようです。なお，小説など読んでいますと，よく"二个人"という表現に出くわしますが，これは"二"と書いてあっても，実際には"两"と読まれているのが普通です。

④の2キログラムについては，一般的なルールとして，伝統的な度量衡の単位の前では"二"と"两"の双方を使ってよいが，どちらかといえば"二"のほうがよく選ばれ，新興の度量衡単位の前では"两"が選ばれることが多いとされています。キログラムを表す"公斤"は新興の単位ですから，容易にb)の"两公斤"が正解であることがわかります。実際にも，"二公斤"という語を耳にしたことはありません。長さを表す2キロメートルも，"两公里"であって，"二公里"ではありません。

ところが，"公里"の1千分の1のメートルになると，多少事情は変わってきます。まず単位として，"公尺 gōngchǐ"があったのですが，どういうわけかあまり用いられなくなり，いまはメートルの音訳語である"米 mǐ"がもっぱら使われています。しかも，この"米"については，"二米"と"两米"の

双方が使用されています。こういう現象は一体どう理解したらよいのでしょうか。一応，私なりに，メートルそのものは中国人には新興の単位であるが，これを"米"と訳した場合，中国語としての違和感が少なく，外来の単位であることがあまり意識されないのではないかと理解していますが，はたしてそうかどうかは，自信がありません。

「ややこしいな」とお感じでしょうか。ずるい手を伝授しておきましょう。迷ったら"両"を選ぶことです。伝統的な単位の前では"二"が優勢であると指摘しましたが，これは相対的に見たもので，決して"両"を拒むものではありません。ただし，"斤 jīn"（500グラム）の10分の1を示す"两 liǎng"（50グラム）の場合だけは，"两两"は不可で，必ず"二两"を用います。同じ音が2つ続くのを嫌ったものでしょう。

⑤は，大きな数のなかでの"二"と"両"の使い分けを問うものです。2桁(けた)以上の数の1の位，10の位，100の位には"二"，千と万の位には"両"というのが一般的な規則です。これによりますと，200は"二百"ですが，"两百"という人も少なくありません。ただし，あとに端数を伴う場合，例えば236は，"两百三十六"はちょっと無理があるようです。2千は一般に"两千"ですが，3万2千のように数の先頭に来ない場合は，"三万二千"というほうが一般的です。そんなわけで，⑤は，b)の"两万二千"が正解ということになります。"两万两千"については，言うか言わないか，意見が分かれるようです。

24
数の表現(四)

　数をめぐっての問題点のうち，概数に関するものをいくつか取り上げてみます。

どちらが正しい？

①きのう10人ほど来た。
　　a) 昨天来了十来个人。
　　b) 昨天来了十个来人。

②肉を10斤ほど買った。(例えば9.9斤)
　　a) 买了十来斤肉。
　　b) 买了十斤来肉。

③10年あまりかかった。(11年以内)
　　a) 用了十多年的时间。
　　b) 用了十年多的时间。

④書棚に15冊ほど本がある。
　　a) 书架上有十五本左右的书。
　　b) 书架上有十五左右本的书。

⑤20キロメートルほど歩いた。
　　a) 走了二十公里左右的路。
　　b) 走了二十公里上下的路。

例によって，まず正解を示しておきましょう。

　①―a), ②―b), ③―b), ④―a), ⑤―a)。

次に，各組の残ったほうの，どこが，なぜ誤りであるのかを

考えてみることにします。
どこが,なぜおかしい?

まず①と②の"来 lái"についてですが,人によって受け取り方にいくらかのずれがあるらしいことを指摘しておきます。ひとつは,例えば,倉石武四郎博士の『岩波中国語辞典』の記述ですが,「ある整数にたいし少し不足な位で大体その数に近いとき」とするものです。この辞典の例文によりますと,"有二十来个人"は,およそ15人から19人ぐらいいることを指していることになります。この著者に,この辞典で入門の手ほどきを受けた私は,"来"について,長年そのように理解してきました。ところが,実際の用例に接していますと,どうも20人を超える場合にも,"来"が使われているふしがあります。それを裏付けるのが,《现代汉语词典》の,「"十""百""千"などの数詞あるいは数量詞の後に用いられて概数を示す」という説明です。これによりますと,概数ですから,"二十来个人"は20人を超えていてもよいことになります。これは,どちらかが誤った理解をしているというよりも,上にも記しましたが,人によって理解にずれがあるものと見ておいたほうが,事実に近いかと思われます。

さて,この"来"は,《现代汉语词典》の記述にもあるとおり,数量詞の後に置くことができますが,その数量詞は,重さや長さのように連続した,分割可能なものに限られるようです。①の例における「人」のような個体は,もうこれ以上分割するわけにはいきませんから,"十来个人"は言えても,"十个来人"は言えないことになります。

ところが,②の例になりますと,"斤 jīn"(500グラム)その

ものは分割可能ですから、表現としては、"十来斤"も"十斤来"もともに存在することになります。ただし、"十来斤"のほうが、"来"は10という数が8とか9とか、あるいは11とか12とかの概数であることを言っているのに対して、"十斤来"のほうは、1斤未満のところで多少の出入りがあることを言っていることになり、この場合は、例えば9.9斤と断られていますから、後者のほうがより適切であるということになります。

③の"多 duō"は、もちろんある数を超えることを表しますが、"来"と似たところがあって、"十多年"と言いますと、10年と、あと2年なり3年なりの端数があることを示しますが、これが"十年多"となりますと、端数はせいぜい1年未満ということになります。したがって、「11年以内」なら、後者を用いるのが正解です。

④の"左右 zuǒyòu"も概数を表します。"三天左右"（3日ばかり）とか"年纪三十左右"（年のころは30ばかり）とか、かなり自由に使うことができますが、ただ、必ず数量詞の後に用いなければならないという制限があります。したがって、「15冊ほど」は、"十五本左右"であって、"十五左右本"とは言うことはできません。

⑤のｂ）の"上下 shàngxià"も概数ですが、かなり制約があって、年齢や重さには使えますが、一般に距離には用いません。

25
助数詞の使い方(一)

　中国語に"量词 liàngcí"というものがあり,この言語を特徴づける存在としてしばしば指摘されることは,すでにご存じでしょう。"一本杂志"(1冊の雑誌)の"本 běn","两头牛"(2頭の牛)の"头 tóu"など,事物を数えるための専用の単位,"一斤糖"(1斤=500グラムのあめ)の"斤 jīn","两公里路"(2キロメートルの道のり)の"公里 gōnglǐ"などの度量衡単位,"看过一次"(1度見たことがある)の"次 cì","挨了一顿骂"(ひどくののしられた)の"顿 dùn"のような動作の回数をかぞえる単位などがそうですが,このうち,いちばん面白いのは,はじめの"本"や"头"などの,事物を数えるための専用の単位でしょう。

　日本語にも「助数詞」というものがあって,上の「1冊の雑誌」の「冊」や「2頭の牛」の「頭」をその例として指摘することができますが,お気づきのように,これらは中国語から借用したものです。中国語の"量词"と日本語の「助数詞」のいちばん異なるところは,日本語のほうがもっぱら「1冊」,「2冊」のように数詞と結んで使われるのに対し,中国語のほうは"这本杂志"(この雑誌),"那头牛"(あの牛)のように,指示詞とも結ぶことです。そんなわけで,中国語の"量词"を日本語で「助数詞」と呼ぶのは,厳密にいえば正しくないのですが,あまりうるさく考えないで,ここでは慣用に従って「助数

詞」としておきます。

それでは問題です。

どこがおかしい?

① 一头马　　　　　　（1頭の馬）
② 两匹老鼠　　　　　（2匹のねずみ）
③ 三枚纸　　　　　　（3枚の紙）
④ 四本树　　　　　　（4本の立ち木）
⑤ 五把凳子　　　　　（5脚の腰掛け）
⑥ 六台汽车　　　　　（6台の自動車）
⑦ 七封明信片　　　　（7通のはがき）
⑧ 八口人　　　　　　（8人のひと）
⑨ 九脚桌子　　　　　（9脚の机）
⑩ 十足鞋　　　　　　（10足のくつ）

なぜおかしい?

　順番に見ていきましょう。①の"马"には"头"ではなく，"匹 pǐ"を用います。牛は，なんといってもあの頭の大きさが目立ちますので，"头"が選ばれたのでしょう。日本語のように「頭」を図休(ずうたい)の大きい動物全般に自在に用いるわけにはいきません。一方，"匹"は馬専用の助数詞であって，日本語の「匹」が「ねずみ1匹」，「ねこ2匹」，「うさぎ3匹」のように，ほとんどすべての動物に用いられるのとは異なります。こういう場合，中国語では"只(隻) zhī"が選ばれます。したがって，②の"匹"は誤りということになります。③の"纸"には，ぴんと張った面をもつということで，"张 zhāng"を用います。"枚 méi"は，かつては多用された助数詞ですが，今日では，バッジや硬貨など，ごく限られたものにしか使われません。

④の"树"には"棵 kē"を用います。主に南方の人ですが，"株 zhū"を使う人もいます。"本"は，書物や雑誌など，本のところを綴(と)じたものに用います。⑤の"凳子"も，平らな面をもっているということで"张"が使われます。"椅子"には"把 bǎ"を用いると習われたかと思いますが，"凳子"のように背もたれのないスツール式の腰掛けは手で握ることができませんので，"把"を使うことはできません。⑥の"台 tái"は機械類全般に使われますが，"汽车"に対しては"辆 liàng"を用います。"部 bù"を使う人もいます。これも主に南方の人です。

　⑦は，"七封信"（7通の手紙）なら問題ないのですが，"明信片"のように封をしないものには"封 fēng"を使うことはできません。"椅子"と"凳子"の場合もそうですが，使用目的が同じであっても，形状が異なると，違った助数詞が選ばれます。"张"が正解です。

　⑧の"八口人"は，この中国語自体は誤りではありませんが，"口 kǒu"は家族の人数をいう場合にだけ使われ，普通に人数をいう場合には使われません。"个 ge"を用います。⑨の"脚 jiǎo"，⑩の"足 zú"は，もともとこういう助数詞は中国語に存在しません。"桌子"も平らな面をもつところから"张"が選ばれ，"鞋"のようにペアをなすものには"双 shuāng"が選ばれます。

26
助数詞の使い方(二)

　事物を数えるのに用いられる助数詞が，数えられる名詞の形のうえでの特徴に基づいて選ばれていることは，前回すでに見たとおりですが，それでは個別の名詞がどのような形体を有するものとして中国人の目に映っているかは，必ずしもわたしたちの常識と一致しません。そこがことばの面白いところでもあり，またむずかしいところでもあるわけです。

どこがおかしい？

　次の助数詞で数えることのできない名詞はどれでしょうか。

① 一口（a. 井　　b. 皮箱　　c. 哥哥　　d. 猪）
② 两张（a. 玻璃　b. 脸　　　c. 纸　　　d. 桌子）
③ 三条（a. 狗　　b. 肥皂　　c. 烟　　　d. 筷子）
④ 四块（a. 人　　b. 镜子　　c. 豆腐　　d. 手表）
⑤ 五双（a. 夫妻　b. 筷子　　c. 手　　　d. 鞋）

なぜおかしい？

　①の"口 kǒu"には幾つかの使い方があります。家族の人数をいう場合。——これは土地分配や食糧の配給の口数を数えたところから来ているのでしょう。大きな口の目立つ動物を数える場合。——d. の"猪 zhū"（ぶた）がその代表です。器物で口や刃のあるものを数える場合。——a. の"井 jǐng"（井戸），b. の"皮箱 píxiāng"（トランク），そのほか"棺材 guāncai"（ひつぎ），"宝刀 bǎodāo"（宝刀）などが，この仲間に入ります。

そんなわけで，c.の"哥哥 gēge"（兄）を"口"を用いて数えるのは不適当ということになります。

②の"张 zhāng"については，張った面を持つものというふうに整理できるかと思います。c.の"纸 zhǐ"（紙），d.の"桌子 zhuōzi"（机・テーブル）がその代表であることは，すでに習われたとおりですが，問題はa.の"玻璃 bōli"（ガラス）とb.の"脸 liǎn"（顔）です。これは多分予想に反しているかと思いますが，"玻璃"が不可で，"脸"が可です。なぜ"玻璃"は不可かと言いますと，これも張った面を持っていることに変わりはないのですが，それよりも四辺を区切られたものとしての意識が強いのでしょう。そういう場合，中国語では"块（塊）kuài"を用います。"土地 tǔdì"（畑），"手绢儿 shǒujuànr"（ハンカチ）などがその例です。「おれの顔が平たい面だなどとはけしからん」と憤激してみたいところですが，鏡をのぞきこんで，「やっぱり"张"か」と，私などはあっさり納得します。皆さんはいかがですか。

③の"条 tiáo"は，ひもや川のように長い形のものを数えます。動物では，蛇や魚はもちろん，a.の"狗 gǒu"（犬）がこの"条"で数えられることはご存じですね。b.の"肥皂 féizào"（せっけん）はどうでしょうか。塊になったものは"块"だと習われた方もあるでしょう。事実，せっけんはかたまり状をしていますから，"一块肥皂"（せっけん1個）のように数えることができます。それでは"条"で数えることはできないのでしょうか。実はできるのです。「さては中国のせっけんは長いのか」などと，早合点しないでください。中国もこのごろは洗濯機が普及し，粉せっけんを使うことが多くなりましたが，それでも

まだ固形せっけんで洗濯物を手洗いする人がいないわけではありません。そんな人のために街で売っている洗濯用のせっけんは，しばしば2個続きになっていて，これを買って帰って，筋目のところから割って使うのが普通です。この元の2個続きのせっけんを数える助数詞が"条"というわけです。c.の"烟 yān"（たばこ）は長いから"条"で問題なし——と言いたいところですが，実は問題ありです。"条"を使うこと自体はまちがいではないのですが，それはカートン（20本人り10箱を包装したもの）で数える場合です。1本ずつ数えるには"根 gēn"か"枝 zhī"を用います。d.の"筷子"は確かに長いものですが，2本つまり1膳(ぜん)なら"双 shuāng"，片方だけなら"只（隻）zhī"を用います。d.が誤りということになります。

④の"块"は，上にも触れたとおり，四辺を区切られたもの，かたまり状のものに用います。b.の"镜子 jìngzi"（鏡）が前者，c.の"豆腐 dòufu"（豆腐）とd.の"手表 shǒubiǎo"（腕時計）が後者。残りはa.の"人 rén"（人びと）ですが，これが誤り。日本語では人の群れを「かたまり」で数えますが，中国語では"堆 duī"を用います。

⑤の"双"は，すでに見たとおり対(つい)をなす場合に用いますが，a.の"夫妻 fūqī"（夫婦）のように，個性や性質を異にするものを後から組み合わせた場合には使いません。"对 duì"なら問題ありません。

27
"目" → "眼睛"

　教室で中国語を教えていますと、ごく身近な表現を求めているところへ、「目を開く」→ "开眼"、「目を閉じる」→ "闭目"などという答が飛び出してきて驚かされます。

　"开眼 kāiyǎn" も "闭目 bìmù" も、中国語としてまったく存在しないわけではありません。前者は、なにか珍しい物でも目にして、見聞を増すような場合に使われますし、後者も、特定の表現のなかでは、文字どおり「目を閉じる」という意味で用いられます。例えば、じっと目を閉じて気を休めることを "闭目养神 bìmù yǎngshén" といいます。

　しかし、日常の、ごく普通の言い回しとしては "开眼" も "闭目" も失格で、それぞれ "睁开眼睛 zhēngkāi yǎnjing"、"闭上眼睛 bìshàng yǎnjing" とでもしないことには、ちょっと通用しそうにありません。

　"开" → "睁开"、"闭" → "闭上" のほうも、十分考察するに値する問題を含んでいますが、今回は置いておいて、もう一つの "目" → "眼睛" のほうを取り上げてみたいと思います。

　"目" は、その字の形から容易に想像がつくように、人のめをかたどった、いわゆる象形文字です。それがなぜ縦に書かれるようになったのかはよくわかりませんが、いずれにしてもめそのものを指していることはまちがいありません。一方、もともとはめの一部分、つまりひとみ、くろめを指す語として "眼

yǎn"と"睛 jīng"がありましたが,このうち"眼"の指す範囲が広がって,いつしか"目"にとって代わり,さらに意味の近い"睛"と複合した結果出来上がったのが,2音節語"眼睛 yǎnjing"("睛"は後に軽声化しました)です。

中国語は単音節語から複音節語に変わっていく傾向が強いとよく言われますが,この傾向は身近な体の部分を表すことばにも,はっきりと見てとることができます。

どこがおかしい?

次の身体部位を表す語は,いずれも今日ではそのままでは使わなくなったものです。どのように変わったか考えてみましょう。

① みみ―"耳 ěr"　　② はな―"鼻 bí"
③ かみ―"发 fà"　　④ まゆ―"眉 méi"
⑤ ひげ―"胡 hú"　　⑥ くび―"颈 jǐng"
⑦ かた―"肩 jiān"　　⑧ むね―"胸 xiōng"
⑨ はら―"腹 fù"　　⑩ しり―"尻 kāo"

なぜおかしい?

いずれも,日本語では普通に漢字として当てられているものばかりです。――もちろん,"发"→"髪","胡"→"鬍"など,簡体字を元に戻しての話ですが,日本語で漢字として当てられているということは,例外もありますが,かつては中国語でそのように使われていたと見ることができます。ところが,原因はさまざまですが,いつのまにかこれらの語は新しい2音節の単語に交代してしまいました。

①の"耳"は,その形状を表す"朵 duǒ"(花びら,つぼみ)という語と複合して"耳朵 ěrduo"("朵"は軽声)となりまし

た。②の"鼻"は接尾辞を伴って"鼻子 bízi"となりました。この語に限らず，接尾辞"子"を伴うのは，名詞が2音節化するうえでの，最も一般的なケースです。"桌子""椅子""帽子""裤子"……みなそうですね。

　③の"发"は，もともとこの一字で「頭の毛」を表し，「体の毛」を表す"毛 máo"と区別されていましたが，指す個所をはっきりさせるために"头 tóu"（あたま）の字をかぶせて，"头发 tóufa"（"发"は軽声）となりました。逆に④の"眉"は，「体毛」であることを表す"毛"を伴って，"眉毛 méimao"（"毛"は軽声）となりました。

　⑤の"胡"は，もともと"须（鬚）xū"だの，"髭 zī"だの，"髯 rán"だのと，生える場所によって違った言い方をしていたひげを表す語のなかから，いわば代表として選ばれたものですが，この語も"子"を伴って"胡子 húzi"に変わりました。⑥の"颈"は，例の「刎頸の交わり」（ふんけい）（相手のためなら首を切られても悔いないほどの固い交わり）の頸の字ですが，後に"脖 bó"に代わられ，"脖子 bózi"となってしまいました。なお，日本語でくびに当てられる"首 shǒu"は，中国語では，首から上全体を指します。

　以下，⑦"肩"→"肩膀 jiānbǎng"，⑧"胸"→"胸脯 xiōngpú"，⑨"腹"→"肚子 dùzi"，⑩"尻"→"屁股 pìgu"といったふうに，いずれも2音節の語に交代しています。

28
"颜" → "脸"

　前回は，身体の部分を表すいくつかの名詞を中心に，中国語の語彙が，大勢として1音節（漢字1字）のものから2音節（漢字2字）のものへと移ってきていることを見てみました。ところが，日本語の，め，みみ，はななどに当てられている目、耳、鼻などの字は，まだ1音節であったころの中国語がそのまま使われていますから，これを現代中国語に用いてもうまく通じないわけです。「勝手に変えられては困る」とぐちのひとつもこぼしたくなりますが，もともと相手の持ち物ですし，こちらは借用証を入れて借りたわけでもありませんから，先方がどう処分しようと文句を言えた義理でもなさそうです。——いさぎよく中国語は外国語であると観念して，きちんと覚えておくことにしましょう。

　もっとも，身体の名称にしても，すべてが2音節に変化したわけではありません。なかには，現代語においても，依然として1音節のままのものもあります。しかし，その場合でも，日本語で当てている漢字がそのまま使われているわけではありません。

どこがおかしい？

　次のうち，中国語として通じるものと通じないものを区別しなさい。

　　① あたま —"头 tóu"　② かお —"颜 yán"

③ くち ―"口 kǒu"　④ は ―"齿 chǐ"
⑤ あし ―"足 zú"

なぜおかしい？

　別に意地悪をして妙なものばかり集めたわけではありませんが，いずれも大なり小なり問題を含んでいます。

　最も問題の少ないのは①の"头"でしょうか。日本語の「あたま」は，ご承知のとおり，「あたまにけがをした」のように「あたま」そのものを指す場合と，「あたまがよい」，「あたまを働かす」のように「あたまの機能」を指す場合があります。中国語の"头"も，ほぼこの両方の「あたま」に対応していますが，日本語と違うところは，別に，前者に対応する語として"脑袋 nǎodai"，後者に対応する語として"脑筋 nǎojīn"が用意されていて，日常的にはこれらのほうがよく使われることです。"你要动一动脑筋"（あたまを働かせたまえ）と言うべきところを"动一动脑袋"と言ったとしたら，相手は頭を振り始めるかもしれません。

　②の"颜"は，今日では「かお」の意味で使われることはまずありません。"颜色 yánsè"という単語がありますが，これは「かおいろ」ではなく，単に「色」，「色彩」を表します。「かお」は，自然な口語では"脸 liǎn"。ほかにやや書面語に傾くものとして"面孔 miànkǒng"，魯迅の故郷紹興（しょうこう）の方言として知られる"脸孔 liǎnkǒng"などがあります。

　③の"口"は，通用しないこともありませんが，これもだいぶ書面語に傾いています。自然な口語としては"嘴 zuǐ"が選ばれます。なんだかくちばしみたいでいやですって？　残念ながら，くちもくちばしも中国語では同源なのです。どちらも長

く突き出たものとしてとらえられているのでしょう。もっとも，あの埴輪のぽっかりあいた穴などは，どう見てもくちばしではありません。つまり，くちは穴でもあるわけです。穴としてとらえたのが，字の形からもわかるように"口"です。それが，理由はよくわかりませんが，くちばし派があな派を圧倒して，今日では"嘴"が残ったというわけです。くちばしとあなの違いが，いまでも意識されていることは，例えば"嘴子 zuǐzi"（器物の吸い口），"过滤嘴 guòlǜzuǐ"（たばこのフィルター）や"井口 jǐngkǒu"（井戸の口），"门口 ménkǒu"（入り口）などの"嘴"と"口"を置き換えることができないところに，はっきりと見てとることができます。

④の"齿"は，字で書けば，なんとか意味が通じます。それは"齿"の字が，現代語で「は」を表す"牙齿 yáchǐ"の造語成分として使われているからです。しかし，現代語では，"牙 yá"だけを単用することも多くあります。"牙"と"齿"とは，もともと「は」の一部分を指し，指す部分はそれぞれに異なっていたようですが，それが複合して「は」全体を指すようになったのが"牙齿"です。一方の"牙"は，指す範囲が広がって「は」を表すようになったのでしょう。"齿"がなぜ"牙"に圧倒されたかは，定かではありません。

⑤の"足"は，古くは「あし」全体，あるいはくるぶし以下を指す語として使われていたようですが，いまは廃れ，くるぶしから上には"腿 tuǐ"，下には"脚 jiǎo"が使われています。英語の *leg* と *foot* の区別に対応していると思います。

29
裸ではいけません(一)

　中国語に限りませんが、母語以外の言語、つまり大きくなってから学習した外国語を用いて表現するということは、本当にむずかしいものです。自信をもって組み立てた文を、「そうは言いませんよ」のひと言で、あっさり退けられたときの悔しさときたらありません。文法にもかなっているし、辞書にもそう書かれているのに、それではだめだと言われたのでは、どうにも収まりません。でも、現実に、そういうことが存在するのです。

　まず次の日本語を中国語に改めてみましょう。

① 窓を開ける。　　　② 窓を閉める。
③ 服を着る。　　　　④ 服を脱ぐ。
⑤ 帽子をかぶる。　　⑥ 荷物を置く。
⑦ ネクタイを締める。⑧ ボタンをかける。
⑨ 黒板を消す。　　　⑩ 物を捨てる。

簡単ですね。別に意地の悪い仕掛けがあるわけではありません。答は、

① 开窗户　　　② 关窗户
③ 穿衣服　　　④ 脱衣服
⑤ 戴帽子　　　⑥ 放行李
⑦ 打领带　　　⑧ 系扣子
⑨ 擦黑板　　　⑩ 扔东西

で、一応は問題なさそうです。

どこがおかしい？

　しかし，これらが，相手に勧誘したり命令したりする表現になった場合はどうでしょうか。

　例えば，①の「窓を開ける」が，「窓を開けてください」となった場合，

　　a) 请开窗户。

または，

　　b) 把窗户开。

で，中国語としてなんら問題はないのでしょうか。

　a) の"请开窗户"が正しいかどうかについては，あまり文法書でも触れられていませんが，何人かの信頼できる中国語の話し手の診断は，いずれも，「あまり使わないようですね」というものでした。

　b) の"把窗户开"は，どの文法書にも触れられている，例の処置を表す文で，動詞は繰り返すなり，結果を表す補語を添えるなり，あるいは完了の"了"を添えるか数量補語をおくかしなければなりません。そうしますと，「窓を開ける」は，単に"开窗户"とするのではなく，少なくとも，

　　把窗户开开。

　　把窗户开了吧。

　　把窗户开一下。

としなければ，文としては不完全だということになります。

　②についても同様で，

　　把窗户关上。

　　把窗户关了吧。

　　把窗户关一下。

とする必要があり、動詞を裸のまま用いることはできません。
なぜおかしい？

　中国語の動詞のなかには、実際の言語生活のなかでは、辞書に載っているままの形ではあまり使われないものがあるようです。上の①〜⑩の動詞は、いずれもこのグループに属しています。

　③以下も、
- ③　穿上衣服
- ④　脱掉衣服
- ⑤　戴上帽子
- ⑥　放下行李
- ⑦　打好领带
- ⑧　系上扣子
- ⑨　擦掉黑板
- ⑩　扔掉东西

のようにして、はじめて実際に使われる中国語の表現になります。

　上の①〜⑩の動詞が伴っている"开 kāi"、"上 shàng"、"掉 diào"、"下 xià"、"好 hǎo"の類は、文法書で、一般に結果補語と呼ばれているものです。したがって、これらの動詞は、結果補語を伴って用いられるのが普通であると、一応の整理をしておくことができます。

　なお、①の"把窗户开开"の"开开"は、これだけを取り出しますと、動詞の重ね型（ちょっと開ける）とも、動詞プラス結果補語（開け放す）とも解せますが、部屋を出しなに、"门可以开开吗？"（ドアを開けておいていいですか）と言えば、これは明らかに後者です。

30
裸ではいけません(二)

　初級の文法で,「彼女は歌がうまい」は"她唱歌唱得很好","「彼女は歌が好きだ」は"她喜欢唱歌"であると教わります。「歌をうたう,そのうたい方が……」,「歌をうたうことが……」と,いちいち動詞を言わなければならないのは,いかにもくどいなという気がいたします。もうすこし簡潔な言い方がないわけではありませんが,いちばん中国語の発想にかなった表現は上のとおりです。

　同じく乗り物で行く場合でも,「自転車で行く」場合は"骑自行车去",「バスで行く」場合は"坐公共汽车去"と,乗り方によって動詞を使い分けなければなりません。

　こういう例を書き連ねていくと,たちまち1冊の本ができてしまうのではないかと思われるぐらい,中国語は動詞を大事にしています。

　前回取り上げた,動詞を「裸」のままでは使わず,補語やその他の要素を添えて用いるというのも,上の例に付け加えてよいかもしれません。

　補語の側から見ても,やはり動詞を重視していることがよくわかります。むかし習ったテキストに,"谁把我的椅子坐坏了？"という文があったのを今でも覚えています。「ぼくのいすを壊したのはだれだ」を「すわって壊した」と,わざわざ動詞を用いて,どのようにして壊したのかを言うところが,いかにも中

国語らしく感じられました。この動詞を使わなかったり,誤って用いたりしますと,中国語としては具合の悪いものになってしまいます。

例によって,まず中国語を組み立ててみましょう。

① 時計が壊れた。
② 眼鏡が壊れた。
③ 万年筆が壊れた。
④ 体を壊した。
⑤ 仲が壊れた。

どこがおかしい?

いずれも「壊した」,「壊れた」に対応する中国語を求めているものです。すぐに思いつくのは"坏了"ですが,

① 表坏了。
② 眼睛坏了。
③ 钢笔坏了。
④ 身体坏了。
⑤ 关系坏了。

で,まったく問題ないのでしょうか。

①②③は問題ありません。しかし,正解はこの3つに限りません。例えば①の「時計」ですが,例の腕時計の類"表"と柱時計の類"钟"の別はおくとして,使っているうちに壊れたのなら,"用坏了"が適当でしょうし,いじって壊したのなら"弄坏了"が適当でしょう。このごろは時計を分解する人は少なくなりましたが,素人がねじまわしなど持ち出していじっているうちに壊してしまったのなら,"拆坏了"と言うこともできるでしょう。"拆 chāi"は「ばらす」という意味です。

②の「眼鏡」にしても，さまざまな壊し方があります。ボールでも飛んできて当たったのなら"被打坏了"，電柱にでも衝突したのなら"碰坏了"，石だたみに落としたのなら"摔坏了"，満員電車で押しつぶされたのなら"挤坏了"といった具合に，さまざまな言い方が可能です。

③の「万年筆」も，「時計」と同じく，"用坏了"，"弄坏了"，"拆坏了"が可能ですし，書きつぶしたのなら"写坏了"も可能でしょう。

④⑤の"身体""关系"に対しては，"坏了"だけを用いて言うことはあまりありません。

なぜおかしい？

　　④　身体累坏了。
　　⑤　关系搞坏了。

のように，"坏了"を動詞の補語として用いるのは問題ありません。④は「疲れて壊した」意。もし「寒さ」が原因ならば，"冻坏了"ということになります。特に「疲労」とか「寒さ」とか具体的には言いにくい場合は，"搞坏了"を用います。「無理をして」というところでしょうか。⑤の"关系"のように抽象的なものについては，この"搞"が適当です。

①②③のように，壊れ方が目に見えるものについては"坏"だけでもかまわないが，それらの場合も含めて，「どのようにして」という動詞を用いるのが中国語らしい表現であると整理できそうです。

31
裸ではいけません(三)

　学校帰りの子供に，道で会った大人が「終わったの？」と声をかけたり，レストランで食器を下げに来たウェイトレスが客に「お済みですか」と聞いたりします。この「終わる」，「済む」に対応する中国語として，すぐに思いつくのは"完 wán"です。"终 zhōng"は，現代中国語では単用されませんし，"了 liǎo"のほうも使い方が限られています。

　それでは，上の2つの問いは，"完了吗？"でよいのでしょうか。通じないわけではありませんが，かなり不自然なようです。

　「何が」を補って，"学校完了吗？"，"饭完了吗？"としても，不自然なことに変わりはないでしょう。

　日本語の「終わる」，「済む」に比べて，中国語の"完"は，単独で使うことのできる範囲は意外に少ないようです。「学校が終わる」は，"完"では表現のしようがなく，"放学 fàngxué"としなければならず，「食事が済む」は，動詞を補って，"吃完了 chīwánle"とします。前者には"上完 shàngwán"も考えられますが，これは1日の授業が終わったのではなく，"上学 shàngxué"の"上"が終わったことで，卒業したことを意味します。

　次の日本語を中国語に改めてみましょう。
　①　講義が終わった。

② 用事が済んだ。
③ 電話が済んだ。
④ ノートが終わった。
⑤ パンは終わった。(店頭で)

どこがおかしい？

これらの日本語を，
① 课完了。
② 事情完了。
③ 电话完了。
④ 本子完了。
⑤ 面包完了。

と，いずれも"完"を用いて中国語に改めたとしたら，どういうことになるでしょうか。初めの「学校」，「食事」の場合と同様に，まったく通じないというわけではないと思いますが，「おかしな」中国語であることは免れないでしょう。いずれも，"完"だけでは，述語動詞として不完全なものばかりです。

なぜおかしい？

上の①〜⑤の中国語を，完全なものにするためには，
① 课讲完了。
② 事情办完了。
③ 电话打完了。
④ 本子用完了。
⑤ 面包卖完了。

のように，"讲 jiǎng"（話す），"办 bàn"（行う），"打 dǎ"（かける），"用 yòng"（用いる），"卖 mài"（売る）という動詞を補って，どのような動作・行為が終わったのかを言わなければなり

ません。

　同じく「終わった」,「済んだ」であっても,どんなふうにして終わったのかを具体的に,動詞を用いて表現するのが中国語であると,整理しておくことができます。

　もっとも,

⑥　会議が終わった。　　$\begin{cases} \text{a)} & 会开完了。\\ \text{b)} & 会完了。\end{cases}$

⑦　映画が終わった。　　$\begin{cases} \text{a)} & 电影演完了。\\ \text{b)} & 电影完了。\end{cases}$

⑧　試合が終わった。　　$\begin{cases} \text{a)} & 比赛赛完了。\\ \text{b)} & 比赛完了。\end{cases}$

のように,動詞を用いる表現と用いない表現の,両方が成立する場合も,まったくないわけではありません。その場合も,"开 kāi"(開く),"演 yǎn"(上演する),"赛 sài"(競う)の動詞を用いた a) は,動作をしている側からの表現に,動詞を用いない b) は,外側からの表現に多く用いられるという区別はあるようです。

32
ローマ字は発音記号?

　ちょっと趣向を変えて，NHKラジオ講座（1991年度応用編）担当中に質問を受けたり，説明し足りなかったりしたことを，Q&A形式で取り上げてみることにします。
　今回は，発音に関するものばかりです。
　Q1.　有気音と無気音に関してですが，例えば"拨"と"泼"を，bōとpōに書き分けるのはなぜでしょうか。これでは「ボ」と「ポ」に発音してしまいそうです。
　A.　まず初めに知っておいていただきたいのは，現在使われているローマ字による表音法"汉语拼音方案 Hànyǔ Pīnyīn Fāng'àn"は，発音を正確に示すものではなく，おおよそのところをローマ字でつづろうとしているものだということです。
　もし正確に発音を示そうというのであれば，英語の辞書などで用いている国際音声記号のようなものを持ち出す必要があります。例のæとかεとかɔとかの記号です。これらの記号は正確である反面，普通の学習者にはなじみにくいという欠点があります。
　そこで，現行の表音法は，アルファベットの文字だけで発音のおおよそのところを表そうとしているわけです。
　ところで，boとpoですが，これはもちろん「ボ」と「ポ」の区別ではなく，無気音と有気音の区別を表しています。現実に存在する音としては濁ったボから，澄んだ，しかも強い息の

流れを伴う po まで，音声記号で示しますと，[b] から [pʻ] まであるわけですが，中国語の bo は，その中間に位置する [p] という音です。これを図示しますと，

[b]	b[p]	p[pʻ]

ということになりますね。濁った [b] は存在しないわけですから，[pʻ] という複雑な表記を避けるために，[pʻ] → p，[p] → b と 1 つずつずらして使っているのが，現行の表音法であると理解しておかれてよいでしょう。

d[t] と t[tʻ]，g[k] と k[kʻ] の区別なども，同様に理解しておかれるとよいでしょう。

Q 2. 本当に濁った [b]，[d]，[g] のような音は存在しないのでしょうか。中国人の発音でも，"打"がダァと聞こえたり，"給"がゲェイと聞こえたりすることがありますが。

A. 微妙なところですね。濁っているように聞こえても，濁っていないかもしれませんし，本当に濁っているかもしれません。

しかし，そのことは，どちらでもよいと言ってしまえば乱暴ですが，少なくとも，あまり大きな問題ではないのです。

先の図にも示しましたが，現実に意味をもつのは b[p] と p[pʻ] の境界線で，b[p] と [b] の境界線はあまり意味をもたないのです。かりに，"拨"を相当濁ってボと発音したとしても，伝達のうえでは，なんら支障はありません。大事なのは，b[p] と p[pʻ]，つまり無気と有気の区別をしっかりしておくことです。

ついでながら，日本語の場合は，

ボ[b]	ポ[p]	[p']

のような図式になりますから，大事なのは濁るか濁らないかの区別であって，ポの息を強く出すかどうかは，意識する必要はないわけですね。

Q3．"钱 qián"と"强 qiáng"，"看 kàn"と"炕 kàng"のaなども，違った音に聞こえますが。

A．そのとおりです。入門期の発音指導で，前鼻音 n [n] と奥鼻音 ng [ŋ] の区別を練習されたと思いますが，前鼻音と奥鼻音の前では，自然，前の母音の形も異なってきます。ただ，そのことをうるさく言わないのは，意識しなくても，そのような音になるからです。

気にされる方は，nの前では狭いa，ngの前では広いa，というように整理しておかれるとよいでしょう。

Q4．ローマ字が発音記号でないということはよくわかりました。しかし，それにしても，xi がシとか，cong がツォンとかいうのは，ちょっと首をかしげたくなりますが。

A．日本語での使い方や英語，フランス語，ドイツ語などの常識と合わないことは事実です。"拼音方案"はローマ字を借用しただけで，読み方は別のものと理解していただくしかなさそうです。

33
zhè か zhèi か

　今回も発音に関するものが中心です。

　Q5．"这"と"那"の発音についてですが，テキストに zhè, nà と印刷されているのを，ゲストの方はたいてい zhèi, nèi と読んでいますが……。

　A．"这"と"那"のもう一つの発音である zhèi と nèi が，"这 zhè"＋"一 yī"，"那 nà"＋"一 yī"のつまったものであることは，ご存じかと思います。

　したがって，"这个"（＝"这一个"），"这些"（＝"这一些"），"这年"（＝"这一年"）などにおける"这"は，しばしば zhèi と発音されます。同様に，"那个"，"那些"，"那年"などの"那"も，しばしば nèi と発音されます。

　さらに，これは理屈に合わないのですが，"这"と"那"のあとに，"一"以外の数字がきた場合も，zhèi, nèi に変わることがあります。"这三年"，"那几个人"の"这"，"那"が，それぞれ zhèi, nèi と発音されることがあるのが，その例です。

　一応，"这"と"那"のあとに数詞あるいは助数詞がきた場合は，zhè、nà は，zhèi、nèi と発音されることが多いというふうに整理しておいてよいかと思います。

　当然，"这很便宜"（これはとても安い），"那还用说？"（それは言うまでもない）などの文における"这"や"那"は，本来の zhè, nà に発音されるはずです。しかし，こういう単用される

"这"や"那"も，話しことばでは，時にzhèi, nèiと発音されることがあるようです。

そんなわけで，"这"と"那"の発音には，法則化しにくい面があります。そこで，私のテキストでは，一律にzhè, nàで通し，実際の発音はゲストに任せることにしました。当然，ゲストの発音だけが正しいというわけではありません。

Q 6. "谁"，"熟"にも，shuíとshéi, shúとshóuの2つの発音があるようですが……。

A． "谁"と"熟"についても，shuíとshúが本来の発音，shéiとshóuが，その口語音と，一応整理しておくことができるでしょう。

このうち，"谁"のほうは，よほど改まって重々しく読まれる場合を除いて，だいたいshéiのようですが，"熟"をshúと発音するか，shóuと発音するかは，むしろ地方差や個人差が大きいようです。

ただし，"熟练 shúliàn"（熟練している），"熟睡 shúshuì"（熟睡する），"熟悉 shúxī"（よく知っている）など，合成されて出来上がった単語のなかでの"熟"は，一般にshúと読まれます。

Q 7. 文末の助詞で，"啊a"と表記されているものが，しばしばyaやnaに発音されていましたが……。

A． 文末の助詞"啊"が，直前の音に影響されて発音が変わることがあるということは，すでに習っておられるかと思います。

手もとの《现代汉语词典》を見ますと，次のように整理されています。

前の音節の韻母または韻尾	"啊"の発音と表記	
a, e, i, o, ü	a → ia	呀
u, ao, ou	a → ua	哇
-n	a → na	哪
-ng	a → nga	

しかし,実際の発音を注意して聴いていますと,必ずしも常に変化するわけではなく,また変化するとしても,上の規則からはみ出していることがあります。

こういうものも,その場その場での話者の裁量に委ねるのが自然であると判断して,テキストでは一律に"啊"と表記し,表音はひとまずaを当てておくことにしています。

Q 8. "咱们在这儿站一会儿"(ぼくたちしばらくここにいようよ)の"一会儿"は,yìhuǐr が正しいのではありませんか。テキストも,ゲストの方の発音も yìhuǐr でしたが……。

A. "一会儿"を yìhuǐr と発音する人がいることは事実ですし,またそのようにした辞典やテキストもありますが,正式には認められていません。正しくは yíhuìr です。

34
発音のよりどころ

Q 9. "一会儿"の正しい発音は yíhuìr であって，yìhuǐr のほうは正式には認められていないとのことですが，その正式であるとかないとかいうのは，どこで決められるのですか。

A. "普通话"＝現代中国語の共通語の発音が北京語の体系に基づいているということは，もうご存じですね。この「北京語の体系に基づく」ということは，個別の単語を「北京の人と同じように発音する」ということを意味するわけでは，必ずしもありません。同じく北京の人であっても，世代や教養や住んでいる地域などによって発音が異なることもありますし，北京の多くの人びとがそう発音していたとしても，体系からはみ出した極端な方言音であったりすることもあります。

そこで，中国では，普通话审音委員会という機関を設けて，上のような発音に疑問の残る単語について，どの発音を正式なものと認めるかを個別に審議してきました。

その結果は，1957年から62年までのあいだに3度にわたって公表され，63年に《普通话异读词三次审音总表初稿》としてまとめられました。以後，20余年間，この《初稿》が教育，出版，放送などの分野で発音のよりどころとなってきましたが，1985年12月になって，この《初稿》をもう一度検討しなおした修訂版が《普通话异读词审音表》と題して，同じく普通话审音委員会から出されています。これには国家語言文字工作委員会，国

家教育委員会，広播電視部（ラジオテレビ省）の3つの機関による共同の前文が付されていて，今後，いずれの分野においてもこの《审音表》を発音，表音のよりどころとしてもらいたいと，強く呼びかけています。

この《审音表》で"会"を見ますと，huìとあって，"一～儿""多～儿"が例語として挙げられています。これはつまり，"一会儿""多会儿"が，yíhuìr、duōhuìrであって，yìhuǐr、duōhuǐrを採らないことを意味しています。

Q10. "一会儿"の正式な発音がyíhuìrであることの「根拠」についてはわかりましたが，その《审音表》という資料は簡単に入手できるものなのですか。

A. できます。私の使っているのは文字改革出版社というところから出ている小さな冊子です。いまでも中国図書を扱っている専門店にはあると思います。これでなくても，いくつかの発音・文字関係の資料に転載されていますから，簡単に見ることができるはずです。

Q11. 辞典やテキストではどうなっているのですか。

A. 中国刊の辞典で最も普及しているのは，《现代汉语词典》と《新华字典》ですが，前者は1963年の《初稿》までしか取り入れていません。〔その後，1996年7月に修訂第3版が出て，ここでは1985年の《审音表》が取り入れられています。〕《新华字典》の最新のものは，1985年の《审音表》に準拠しています。

日本刊のものは，1985年の《审音表》まで取り入れたものもありますが，間に合わずに補正表を挟み込んだものやら，旧来のままのものやら，対応はさまざまです。

テキスト類の表音は，新しいものは，たいてい《审音表》に拠っていますが，中には編者自身の，あるいは編者の周辺にいる中国語を母語とする人の発音に従ったと思われるものもあります。それはそれで意味のないことではありませんが，発音には個人差や地方差がありますから，やはり信頼できる資料に準拠するのが無難であると思います。

35
"利害"?"厉害"?

Q12. "平平安安地到了这里"（無事にこちらに着きました）の"平平安安"は，なぜ píngping'ān'ān のように2番目の音節が軽声になるのでしょうか。ついでに，つづりのなかのgとnの肩についているアポストロフィのような記号（'）についても，説明してください。

A. まず"平平安安"の発音ですが，この語が"平安"という形容詞の強調形であることはご存じですね。もとの形をABとしますと，この形はAABBで表すことができます。"高兴"→"高高兴兴"，"明白"→"明明白白"のように，常用される形容詞のなかには，この式の強調形をもつものが多数あります。

このAABB型の形容詞をどう発音するかについては，別に決まりがあるわけではありませんが，実際の発音を観察していますと，多くの場合，第2音節，つまり2番目のAは軽声か軽声に近く発音されているようです。そこで私は，テキストに発音を示す場合，その個所を一律に軽声扱いしています。

なお，この強調形をとる場合，"明白 míngbai"や"清楚 qīngchu"のように第2音節が軽声になっているものも，míngmingbáibái, qīngqingchǔchǔ のように本来の声調に戻ることに注意してください。また，"热闹 rènao"のように，rèrenàonào という一般的な形のほかに，rèrenāonāor とBBの部分が第一

113

声に変わり，"儿"を伴う形をもつものもあるなど，ちょっとてこずることもあります。

アポストロフィのような記号（'）の問題は，píng'ān（平安）という形に戻して考えてみましょう。もしこれをpíngānとつづってしまいますと，音節の切れ目はpín/gānとpíng/ānの両方の可能性ができてしまいます。そこで，これをpíng/ānと読んでほしい場合には，píngとānとの間に切れ目を表す記号（'）を用いることにしています。この記号のことを中国語で"隔音符号"と称しています。日本語には定訳はありませんが，そのまま「隔音符号」で通じるでしょう。英語では，本来のアポストロフィとは役割が異なりますので，別に*sylable-dividing mark*と訳しています。

どうしてpíng/ānのほうにだけ（'）を用いて，pín/gānのほうには用いないのでしょうか。その理由は，中国語の音節は一般に子音で始まりますので，píngānというつづりを示した場合，特に断りがなければ，gānを1つの音節と理解し，pín/gānと切るのが自然だからです。もちろん，こちらのほうもpín'gānとしても構わないのですが，煩わしくなりますので，一方にだけ用いる約束になっています。

他の使用例をいくつか挙げておきます。pí'ǎo（皮袄），hǎi'ōu（海鸥），dìng'é（定額），それに地名のXī'ān（西安）。いずれもa、o、eで始まる音節の前に（'）がおかれています。

Q13. "越变越利害"（どんどんきつくなる）の"利害"は，"厉害"と書くのが正しいのではないでしょうか。

A. 「きつい，はげしい，はなはだしい」などの意味に使われるlìhaiは，"利害"とも"厉害"とも書かれます。古くは

"厉害"のようですが，"利害"もかなりの歴史をもっています。どちらか一つ残せば用は足りるのですが，特に規制は加えられていません。ただし，《现代汉语词典》は"利害"のところで意味や用例を示し，"厉害"の項には「"利害"を見よ」とあるだけです。〔1996年7月修訂第3版ではこの扱いが逆になり，"厉害"のほうが主見出しになっています。〕

なお，「利害」の意味の名詞の場合はlìhàiと読み，もちろん"利害"と書き，"厉害"とは書きません。

Q14. "成天买书看书"（毎日のように本を買ったり読んだりしている）の"成天"は，辞書には「一日中」としかありません。「毎日」という意味もあるのでしょうか。

A. あります。しかも，話しことばではよく使われます。もっとも，《现代汉语词典》には"〈口〉整天"としかありません。これだと，確かに「一日中」としかなりませんね。手もとのいくつかの辞典を引いてみましたところ，『岩波中国語辞典』が，「毎日，毎日毎日」としています。

Q15. "听力比以前差多了"（聞く力が以前よりずっと落ちた）の"差多了"がよくわかりません。

A. "差得多"（差が大きい，ずっと劣る）の"得"が落ちて，文末に"了"を伴ったものです。よく使います。

36
"挂"は掛ける? 切る?

Q16. 子供とお父さんの電話のやりとりのなかで,お父さんが"別挂,妈妈有事"(切るなよ,お母さんが用事があるって)と言っています。この"挂"について,「(電話を)掛ける」,「切る」の両方の意味が出ていますが……。

A. 日本語で,「電話を掛ける」といえば,もちろんダイヤルを回して,あるいはボタンを押して,相手を呼び出して通話する意味ですね。どうして「掛ける」というのか調べたことはありませんが,遠くにいる相手と橋でもかけたように自在に交信できるところからきたことばかと,およそのところを想像しています。

一方,「受話器を掛ける」といえば,どういう意味になるでしょうか。もちろん,「電話を切る」ことを意味しますね。映画などで見かける,昔の旅館や駐在所の壁にかかっている,ハンドルをぐるぐる回してから交換局を呼び出す式の電話があります。あれなど,切る動作は,いかにも「掛ける」ですね。

したがって,中国語の"挂"にも,日本語の「掛ける」にも,ともに電話を「掛ける」,「切る」の両方の意味になる可能性があったわけですが,中国語のほ

うが,その可能性の両方を実現したのに対し,日本語のほうは,どういうわけか,その一方だけしか使われていないと,こんなふうに整理することができるかと思います。

それでは,中国語の"挂"は,「掛ける」,「切る」の正反対の意味に混用されるおそれはないかということですが,話というものは場に依存していますから,その心配はまずありません。

実際の使い方を見てみても,"別挂"や"不要挂"のような禁止形での"挂"は「切る」,"给我挂个电话"のような"挂"は「掛ける」と,区別を持っているように見受けられます。

禁止形ではない"挂"が「切る」という意味になるためには,"挂了电话"とか"把电话挂了"のように,完了・完成の意味を表す"了"を添える必要があるようです。

余談になりますが,上の駐在所式の電話を手でぐるぐる回す動作を"摇 yáo"と言いますので,"摇电话"も「電話を掛ける」という意味になります。今日,普通に使うかどうかは知りませんが,小説などではたまに目にすることがあります。

Q17. "往日本寄明信片"（日本へはがきを出す）の"往"は,介詞（前置詞）ですから,wǎng ではなく,wàng と発音したほうがよいのではありませんか。

A. ちょっとやっかいな問題ですね。結論から先に言いますと,動詞の場合も介詞の場合も,ともに第3声 wǎng と発音します。

ひところ,ご指摘のように,動詞＝第3声 wǎng,介詞＝第4声 wàng という区別が設けられていて,《新华字典》もそうなっていましたし,《现代汉语词典》も,いまも〔1996年修訂版以前は〕そうなっています。私自身も,テキストなどを編む

際，その区別に従っていました。

　そのような区別を設ける上でのよりどころは，第34話に触れた普通話審音委員会の《审音总表初稿》です。審音委員会が，従来から一定していなかった介詞の"往"の発音を第４声のwàngのほうに統一した根拠は，おそらく，もう一つの"望"との統合を考えてのことではなかったかと思われます。

　"望"はwàngと発音され，"往"の介詞としての用法と非常に近いはたらきをします。口で発音した場合はもちろん，表音ローマ字でつづった場合も，"望"と"往"はほとんど区別がつかないことがあります。

　そこで，動詞の"往"だけ第３声wǎngとし，介詞の"往"は，"望"に合わせて第４声wàngに発音するという，多分に人為的な区別を持ち込んだのではないかと思われます。

　ところが，現実の言語生活を見ていますと，介詞の"往"をwǎngと発音する人が，依然として大きな比率を占めていたのでしょう。私も放送のゲストやテキストの録音者にwàngと読んでくださいと言って，困った顔をされた記憶があります。

　そのような現実をふまえて，'85年12月に発表された新しい《审音表》では，"往"は第３声のwǎng 1つに整理されています。

37
"好象"?"好像"?

Q 18. "咱们俩在那儿照一张吧"(ふたりであそこで1枚撮ろうよ)の"咱们俩"は,"咱们两个"とか"我们俩","我们两个"などに自由に言いかえることができますか。

A. 一応は言いかえることができますが,多少問題が残るようですね。"咱们"が自分と相手をひっくるめて,親密感を込めて,「ぼくたち」とか「わたしたち」の意味に使われることは,すでに習っておられるかと思います。この語は,北京あたりの人が,話しことばとしてよく使います。

一方の"俩 liǎ"ですが,これも北京語で,"两个 liǎng ge"がつまって発音されたものだと言われています。そんなわけで,語の地方的な色彩や硬度からみて,"咱们"と"俩"との組み合わせが,同じく北京の口語どうしということで,最も自然であると言うことができます。

もしも"我们"を用いたならば,"俩"よりも"两个"を選んだほうが,自然なようです。もちろん,意味のほうも,"咱们俩"ほどにくだけたものではありませんが……。

もっとも,"我们俩"という言い方は,たまに出くわすことがありますが,"咱们两个"のほうは,まず耳にしません。"咱们"という非常にくだけた表現が,どうしても"俩"のほうを要求するからでしょう。

Q 19. "挺好吃的"(なかなかうまい)の"的"は,文法的に

どういうはたらきをしているのでしょうか。後に"东西"かなにかが省略されていると考えてよいのでしょうか。

A. "挺好吃的"を"挺好吃的东西"の省略と見なすことはできません。この"的"は限定語（連体修飾語）をつくる"的"ではなく，"挺"に呼応して文末に用いられる語気助詞だからです。"挺"は"很"と同じように程度を強めるはたらきをする副詞ですが，"很"よりもずっと口語的です。その口語的な語気を助けるためにしばしば文末におかれるのが，上例の"的"です。"挺漂亮的"（とてもきれいだ），"挺快的"（とても速い）などの"的"も同じです。"很"を使った文にはこの"的"を用いてはならないというわけではありませんし，また"挺"を使った場合には必ず"的"を用いなければならないというわけでもありませんが，"很"の代わりに"挺"を用いると多く"的"を伴うというふうに整理しておいてよいでしょう。

Q20. "好像还没有"（まだないようだ）の"好像"は，"好象"と書くのではありませんか。多くの辞書やテキストでは"好象"となっているようですが……。

A. "好像"のほうが正しいのです。これまでは簡体字を用いる場合のよりどころとして，1964年に発表された《简化字总表》に準拠してきましたが，先ごろ（1986年3月）その表のなかのいくつかの字に変更が加えられました。そのなかでいちばん影響の大きかったものは，従来"象"に統合されていた"象"と"像"を分離したことです，その結果，動物の象やかたちの場合は"象"，似ているという意味の場合は"像"というふうに書き分けることになりました。もっとも，従来も，書き分けてもかまわなかったのですが，一般には"象"で通していたよ

うです。

この書き分けは，国家語言文字工作委員会の「通知」として，正式に行われることになっているものですが，例によって，中国の印刷物ではまだまだ徹底していません。《新华字典》の最新版は書き分けに従っていますが，《现代汉语词典》のほうは〔1996年修訂版以前は〕従来のままです。

しかし，中国での「立ち上がり」が遅いということと，どちらでもよいということは，また別のことですから，外国語として中国語を学ぶわたしたちは，きちんと正字を覚えておく必要があります。

文字にしても発音にしても，あるいは文法や言い回しにしても，実際に通用しているということと，なにが規範とされているかということを，きちんと分けて対応する必要があると思います。規範がある場合にはその規範を尊重するというのが，外国語を学ぶうえで欠いてはならない心構えかと思います。

適切なたとえかどうかは，ちょっと自信がありませんが，車を運転するのに，教則に従わずに，このほうがよいからと自己流でいったのでは，免許はもらえませんし，また反則切符を切られることにもなりかねません。

車はともかく，言語学習の場では基本に忠実に従い，自己流は慎みたいものです。

38

fā、fá、fǎ、fà

Q21. "有什么事儿吗?"(なにか用ですか)は,文中にすでに"什么"があります。こういう場合には文末に"吗"を用いないと習いましたが。

A. 文中に疑問詞がすでにある場合には文末に"吗"を用いてはならないというのは,中国語文法の鉄則です。ところが"什么"という語には,疑問詞として「なに」という意味を表すはたらきと,不定指示詞として「なにか」という意味を表すはたらきとがあります。

上の例文は後者に属するもので,"什么"は不定指示詞としてはたらいています。もちろん"吗"を取り去った"有什么事儿?"という文も成立しますが,「なんの用ですか」という意味で,"有什么事儿吗?"が「なにか用ですか」となるのと,構造の異なったものとなります。

次の2つの文も,同じ違いを表しています。

有什么好吃的?　　　　（なんのごちそうですか。）
有什么好吃的吗?　　　（なにかごちそうはありますか。）

Q22. "到哪儿去修好呢?"(どこへ修理に行けばよいのですか)は,"去哪儿修好呢?"とは言えないのですか。

A. 言えます。場所を表す客語（目的語）は,"到"や"上"のような介詞（前置詞）を用いて動詞の前に出すこともできますし,またいきなり動詞の後に置くこともできます。どちらか

と言えば前者が北京語的で，後者が南方語的であるという違いはありますが，今日の中国語は南北のことばが入り交じっており，どちらを用いても十分に通用します。

　私が中国語を習い始めたころは，まだ"你上哪儿去？"（どこへ行きますか）でしたが，のちに教壇で手にしたテキストにあった"你去哪儿？"という簡潔な言い回しに，妙に新鮮さを覚えた記憶があります。

　そのほか，肯定と否定を繰り返して作る

　　你是学生不是？　　　　（あなたは学生ですか。）
　　你能游两公里不能？　　（2キロ泳げますか。）

のような疑問文の繰り返し部分を，"你是不是……？"，"你能不能……？"のように前にまとめてしまうのも，本来は南方語のものです。

　Q23.　"让我看看"（ちょっと見せてください）の"让"は使役を表していると思いますが，この"让"の代わりに"叫"を使ってもかまいませんか。

　A.　この場合は"让"を"叫"に置き換えることはできません。"让"も"叫"も使役表現を作るのに用いられますが，「私に」とか「私たちに」とか言う場合には，"让我……"，"让我们……"を用いて，"叫"を使うことはできません。おそらく"让"という語のもつ控えめなニュアンス（「譲る」という動詞からきています）とかかわりがあるものと思われます。置き換えが可能な場合でも，"让"に比べて，時には"叫"のほうは乱暴な語気を感じさせることがあります。（これも「呼びつける」という動詞の意味とかかわりがあるものと思われます。）したがって，人にお願いしてなにかをしてもらうような場合には，例え

ば,

　　让她去买东西吧。(彼女に買い物に行ってもらいましょう。)

のように"让"を用いたほうが,"叫"を使うよりも適切であると言うことができます。

Q24. "没法儿骑了"(乗れなくなってしまった)の"没法儿"は,テキストには méi fǎr となっていますが,私の辞書には méi fār、méi fár、méi fǎr の3つが載っています。

A. "法"という字は,もともと fā、fá、fǎ のほか,フランスを表す fà と4つの声調にまたがる発音が存在し,おまけに軽声の fa まであるという,この字ひとつだけで四声の練習ができてしまうほどでした。

北京の人の話しことばを忠実に写したらそうなっていたというわけですが,それでは共通語としてよその地の人が学ぶのに不便ですので,一律に fǎ に整理されました。したがって,"没法儿"は méi fǎr でよいのですが,北京の人が méi fār や méi fár と言っているのを耳にすることは,いまでもあります。

39
"端盘子"

Q25. "你去端盆水"が「洗面器に水を汲んできて」となり，また"我在饭馆里端盘子"が「私はレストランでウェイターをしている」となるのがよくわかりません。"端"という動詞の使い方を説明してください。

A. "端"は「(器物を水平になるように) 持つ」意味を表します。特に，中に液体などの入った器をこぼさないように慎重に持つことをいうのによく使われます。料理を運ぶことを"端菜"といったり，お碗を運ぶことを"端碗"といったりするのがそうです。"去端盆水"は"去端一盆水"の略で，"盆"に1杯の水を運んでくるという意味です。

"在饭馆里端盘子"は，文字どおりには「レストランで皿を運んでいる」という意味で，別にウェイターやウェイトレスに限らないのですが，一般には，そういう仕事に従事していることを指して，こう言っています。

例の"包饺子"(ギョーザの具を包みこむ → ギョーザをつくる)，"倒水"(容器を傾けて水をあける → 水を汲む，あける)を引き合いに出すまでもなく，中国語の動詞の表現はたいへん具体的です。また，その具体的な動作で職業を表すことも珍しくありません。旧時の北京を描いた小説や映画にはよく水売りが出てきますが，あれは"倒水的"といいます。いまは"服务员"などと改まった，その分ちょっと風情のない呼び方をしますが，か

つての料理店の給仕人は"跑堂儿的"と呼ばれていました。"堂"（広間，座敷）を駆け回る人という意味です。これも昔の小説などでよく目にするものですが，"顶沙锅"というのがあります。"顶"は頭にのせることをいいます。"沙锅"（素焼のなべ，土なべ）を頭にのせる。なんのことかおわかりでしょうか。乞食をすることです。おなかがすいたら物もらいをし，満ちるとそのなべを頭にのせて，のんびりと過ごす。3日したらやめられないとかいう稼業をうまく言い表していませんか。もうひとつの，3日したらやめられないとか言われている私どもの稼業は"吃粉笔末的"というのだそうです。"粉笔末"（チョークの粉）を食らうとは，あまり優雅な稼業ではなさそうですね。

Q26. "您要是去天津的话"……（もし天津へ行かれるのなら……）の"的话"がよくわかりません。助詞と説明がありましたが，"了""着""吧""吗"など普通に助詞と呼ばれているものと様子が異なっていますし，辞書にも載っていません。

A. "的话"は"假如"，"如果"，"要是"などの接続詞に呼応して用いられ，仮定の語気を添えます。また，時には，呼応する接続詞なしに単独で使われることもあります。もともとは，「……という話ならば」，「……の場合には」ということで，"话"は実義を有していたと思われますが，実際の意義がだんだんと薄れ，単に仮定の語気を添えるだけのものになってしまいました。そこで，"的"と"话"をひとまとめにして，"的话"という形で助詞としたわけです。

確かに，他の"了""着""吧""吗"などの助詞が一音節で，しかも軽声であるのと様子が異なり，処理にちょっととまどいますが，《现代汉语词典》などでは助詞として扱っていますの

で，私もひとまずそれに従っています。あなたの辞書に載っていないとのことですが，あるいは"的"と"话"を分けて，2語として説明されているかもしれません。"话"の項をもう一度引いてみてください。

Q27. "下趟去天津的车"（次の天津行きの列車）の"趟"は，"次"に置き換えても構いませんか。"趟"は往復の回数を言う場合に用いると習いましたが，そういう制限はないのですか。

A. "下次去天津的车"と言っても，文法的には別におかしくありませんが，あまりそうは言わないようです。「次の回の天津行きは…」というような感じで，きょうだか，あしただか，次はいつだかわからないようなニュアンスを帯びているかもしれません。1日に何本も出ている列車について言うのなら，やはり"下趟车"が適切であると思います。

"趟"が往復の回数を表す助数詞であるという説明はよく聞きますが，別に往復とは限らないようです。確かに"跑了一趟"（ひとっ走りしてきた）というような場合は往復の動作ですが，"我去过一趟"（私は一度行ったことがある）は，別に往復を意識して言っているわけではありません。

なお，この"趟"を"看一趟"（一度見る），"洗一趟"（一度洗う）のように行き来以外の動作に用いるのは方言です。

40
"没"と"没有"

Q28. "唐三彩的马没有合适的,还没有买"(唐三彩の馬は適当なのがなくて,まだ買っていません)のなかの2つの"没有"が,ローマ字表記では一方が méi yǒu,もう一方が méiyou と,méi と yǒu が離れたり続いたりし,また yǒu と you では声調も異なっていますが……。

A. それは2つの"没有"が性質の異なるものだからです。"没有合适的"の"没有"は,所有を表す"有"を単純に打ち消したものです。後に続く"合适的"は名詞相当語句で,"有"の客語です。つまり,この"没有"は,"我有书"の否定形"我没有书"の"没有"と同じものです。

もう一方の"还没有买"の"没有"は,"有"を打ち消したものであるとは考えられません。一般には"有买"という形は存在しませんし,また"没有买"は"没买"とも言えるからです。つまり,こちらの"没有"は1つの単語であって,後に続く動詞を否定するはたらきをしていると見ることができます。

以上のようなわけで,単語ごとに分けてローマ字でつづる場合,前者は méi(没) と yǒu(有) を離し,後者は続けるのが適切であると考えることができます。

次に声調の問題ですが,前者,つまり所有を表す動詞の場合の"有"は,否定形であっても割合にはっきりと第3声に発音されます。多少軽声に近く聞こえることもありますが,ケース・

バイ・ケースで処理したのでは混乱しますので，私は一律に第3声 yǒu と表記することにしています。

後者，つまり否定副詞の"没有"は，ほとんど例外なく"有"の部分を軽声もしくは軽声に近く発音しています。そこで，こちらのほうは méiyou と表記することにしています。

Q 29. よくわかりました。しかし，所有を表す"有"の否定形の"没有"は，この形しか存在せず，他の動詞のように"不"で否定したりはできませんから，"没有"をひとかたまり，つまり一語と見ることはできませんか。事実，そのように処理した辞典やテキストもあるようですが……。

A. 一語と見てもかまいません。その場合でも，動詞が méiyǒu，副詞が méiyou と，声調の区別は残ることになりますね。

離すか分けるかは，だれが見ても常に一致するというものではありませんが，場当たり的にいい加減に処理するのではなく，きちんと語学的に説明がつくように，一貫した立場で行うことが大切であると思います。このことを守っていない辞典やテキストは，いたずらに教授者や学習者を惑わせることになります。

Q 30. 上で"没有买"は"没买"とも言えるとのことでしたが，こういう"没"と"没有"は全く同じで，いつでも自由に取り替えることができるのですか。

A. 微妙なところですね。はたらきは同じですが，いつでも自由に取り替えることができるわけではありません。上のように，動詞の前において打ち消す場合は，いつでも取り替えることができます。

しかし，"你买了吗？"（買いましたか）という問いに対して，

動詞を用いて，"还没买"（まだ買っていない），あるいは"还没有买"（同上）と答えるのは問題ないのですが，動詞を省いて答える場合は，"还没"とは言わず，必ず"还没有"としなければなりません。ただし，文の最後に"呢"をおくと，"还没呢"，"还没有呢"の両方とも成立します。

また，文末に用いて疑問文をつくる場合，"买了没有？"（買いましたか）とは言いますが，"买了没？"とは，一般には言わないようです。

なお，どちらでもかまわないと述べた"没买"と"没有买"ですが，動詞を"没"を用いて打ち消すか，"没有"を用いて打ち消すかには，多少の地方差があるようです。例えば，北京語を操る名手であった老舎という作家の作品のなかでは，圧倒的に"没"が多く，"没有"はわずかしか用いられていません。一方，魯迅とか茅盾とかの南方出身の作家は，まれにしか"没"を用いず，ほとんどが"没有"です。つまり，"没"は北方語，"没有"は南方語というふうに整理してよさそうですが，今日では，人の往来が激しくなり，ことばも南北入り交じって，そのような区別も薄れつつあるようです。

III

語言專科

41
中国語は英語と似ているか

Q1. 中国語の文法は英語と似ているとよく言われますが，本当でしょうか。

A. どうでしょうね。似ているかどうかの議論には，まずどこがどのようにという限定が必要ですが，それを問い返してみますと，せいぜい動詞（V）と目的語（O）の並べ方が同じだぐらいの答しか返ってきません。なるほど"唱歌"は *sing a song* ですが，VとOとの並べ方は，V＋OとするかO＋Vとするかの2つに1つしかないのですから，この点だけなら，任意の2つの言語が似ている確率は50パーセントになります。三人称の"他""她""它"の区別が *he*、*she*、*it* の区別に一致しているという答もありますが，これももともと1つしかなかった"他"を，英語の翻訳に便利なように，今世紀になってから合わせたもので，やはり「証拠」にはなりません。──英語と中国語はもともと全く系統の違う言語ですから，似ている点があっても，それはたまたまに過ぎません。

ただし，すでに英語を習った人が，これと比較しながら中国語を学ぶということは（もちろんその逆も），無益なことではありません。またおおいにことばを学ぶ楽しみを益してくれます。

Q2. 英語を習った人が，これと比較しながら中国語を学ぶうえで，おもしろい本はありませんか。

A. 入手しやすいのは，光生館の中国語研究学習双書に入っ

ている大原信一氏の『中国語と英語』でしょうか。表現と語順を中心に比較のアウトラインがわかりやすく述べられています。

　もう一冊，いま入手できるかどうかちょっとわかりませんが，文建書房という出版社から『開明英文文法』という本が出ています。林語堂という人の英文の著作で，一橋大学の教授であられた山田和男さんが訳しておられます（1960年初版）。著者の林語堂氏はもう故人ですが（1976年没），福建省の出身で，晩年，日本でもどこかの私立大学の客員教授かなにかを務められたことのある著名な文人です。『北京好日』などの小説や，数多くの文明論で知られていますが，この人の本領はむしろ言語学にあります。《*Kaiming English Grammar*》と題する原著は，上海の開明書店から1930年に出ていますが，もともとは高等学校か大学の教養課程ぐらいの英語学習者を対象とした参考書でした。しかし，随所に，すぐれた言語学者である著者の母語である中国語と研究対象である英語との比較対照の視点がちりばめられていて，単なる学習参考書の域を越えて，いまはやりの，2国間の言語の対照研究の古典的な名著となっています。第1章「表現の科学」から，山田さんの訳で，1節だけご紹介しておきましょう。

　　おそらく，英文法はむずかしくて詰まらないものだという話を聞いていると思う。しかし，それは正しくない。英文法は，誤まった方法で勉強すれば，つまり，ただ無闇に規則や定義を覚え込もうとかかれば，たしかにむずかしく詰まらないものである。しかし，いろいろと生きた語法や表現形式を調べ，英国人なら諸君が頭のなかに持っている思想をどのように表現するかを知れば，文法はむずかしくも詰まらなくも

ない。英国人が，ある思想をどのように言い表すかを調べ，その表現法と中国の表現法とを比較する事は，常に有益なことだし，時によって極めて興味深いものである。

英文法を中国語文法に，英国人を中国人に，中国を日本に置き換えて読んでみてください。そのまま，中国語を学習する私たちにあてはまりませんか。

Q3. 辞書も漢英や英漢が役立ちますか。

A. もちろんです。英語に限りませんが，日本語や中国語以外の言語を通して見ることによって，意外な発見が得られることがしばしばあります。私は北京外国語学院の《汉英词典》（商務印書館，1979年）を愛用しています。《现代汉语词典》の英語版といった性格の本ですが，新しく盛り込まれた内容もあって，この点でも無視できませんが，英語文化圏の人びとを対象とした平明な解説が気に入って，私の座右の１冊となっています。

上の林語堂さんの晩年の仕事に香港中文大学での《當代漢英詞典》（1972年）の編纂の大事業があり，この林語堂さんの業績が北京外国語学院の辞典に吸収されているように見受けられます。

Q4. 日本語で書かれた中国語を知る本はありませんか。

A. これはもう数えきれないほどあります。近ごろのものを２点や３点あげると不公平になりますから，ちょっと古いところから２冊だけあげておきましょう。

１冊は，郭明昆という人の『華語における形態観念』という論文で，過ぐる世界大戦のさなか，乗船がアメリカ潜水艦の雷撃を受けるという非運にみまわれ，師・津田左右吉博士をして

「いたましき極み」と嘆かしめた台湾省人学者の手になるもの。中国語とはどのような言語であるかを，最もよくわからせてくれる1冊です。いま，同氏の遺稿集として，李献章氏の手で編まれた『中国の家族制及び言語の研究』という本に収められています（早稲田大学出版部，1962年）。もう1冊は，藤堂明保博士の『中国語語源漫筆』（大学書林，1955年）。博士もつい先ごろ（1986年春）亡くなられましたが，これは博士の比較的初期の著作で，後に世に問われる数々の労作の底に流れる，中国語のとらえ方を平易に説かれたもの。新書版の小冊子ですが，滋味あふれる，最も啓発に富んだ「ことばの随筆」の1つです。

42
単語はどのくらい覚えればよいか

Q 5. 単語はどのくらい覚えればよいのでしょうか。

A． まず1000語でしょうか。どのへんまでを基礎とよぶかはむずかしい問題ですが、おおざっぱに、発音と基本になる文法をマスターして、あとは辞書を頼りになんとかひとり歩きできるぐらいのところを目安にしたとして、どの外国語に限らず、この段階で1000語ぐらい完全に覚えている必要があると思います。ここに「完全に」というのは、その語を目で識別でき、文字に書き表すことができ、口に出して言え、耳で聴いてわかるということです。

別に1000語マスターしていなくても、知らない語にぶつかったら辞書を引いて解決すればよいとお思いになるかもしれませんが、この段階で辞書に頼るのはどうでしょうか。よちよち歩きで大通りに出るようなものです。辞書を使うのはもっと後のことにして、この段階では、テキストに付いている語彙リストなどを活用するとよいでしょう。

Q 6. どのテキストにも語彙リストが付いているとは限りませんね。

A． テキストに語彙リストが付いていない理由はいろいろあると思います。しかし、編者の怠慢や出版社の都合でというのは、どうも歓迎できません。手間がかかりページ数がふえた分だけ値段も高くなりますが、このつけは学習者に回してもよ

いし，学習者のほうも負担を渋ってはいけません。

　もう1つ，教授者のほうにも，学生が怠けて辞書を引かなくなるからとの理由で，語彙リストの付いたテキストを嫌う人がいるという事情があります。私は，入門期の学習には，他にもっとしなければならないことが多くあると思っています。たどたどしく辞書のページを繰っている時間はないはずです。

　Q7.　次の段階の目安はどのくらいですか。

　A.　統計によりますと，どの言語においても，だいたい3000語あれば日常の言語生活や一般的な文献の講読に必要な語の90パーセント前後をカバーできます。従って，この3000語を取り上げた語彙集なり，これを特別にチェックした辞書なりが必要になってきます。

　Q8.　中国語の基本語彙の資料はありますか。

　A.　あります。最も信頼できるのは，ちょっと古い資料ですが，《普通话三千常用词表（初稿）》（文字改革出版社，1959年）です。革命後の中国における新しい言語政策の元締めである中国文字改革委員会が，大がかりな調査結果に基づいて，日常生活や教育・学習の場で使われる常用語彙を選定したもので，品詞別，意味別に分類されています。

　Q9.　便利な資料ですね。ただし，1959年というのは，資料としてちょっと古すぎませんか。

　A.　確かに古いところがあります。しかし，基本的なところはきちんと押さえられています。それに，ありがたいことに，近ごろ先の仕事のまとめ役であった鄭林曦氏が増訂本を出しています。3000語と題していますが，実際には4000語近く収めています。

Q10. 日本語による意味や用例の付いたものはありませんか。

A. あります。旧版には2種類あって，1つは1962年に早稲田大学語学教育研究室が編集発行しているものです。原本の語彙リストに日本語訳を付し，さらに名詞にはよく使われる助数詞を付け加えたり，動詞・形容詞には変化形式を注記するなど，新しい試みがなされています。ちょっと入手しにくくなっているのが残念です。もう1つは香坂順一編『中国語常用語辞典』(光生館，1968年)です。これは原本を増訂し，意味と用例を付しています。中国語学習者に薦めたい1冊です。

新版も取り入れたものに上野恵司編『分類中国語基本単語3800』(白帝社，1988年)があります。《常用词表》を主な資料に日本の中国語学習者に必要な常用単語を選定しようとしたもので，中英日3か国語が対照できるようになっています。英語を付しているのは，他の外国語をもう1つ介在させることによってことばの理解を深めようという意図からです。〔この本はのちにさらに韓国語を加えて，『分類中国語基本語彙』の書名で同じ出版社から出ています。〕

Q11. 他にどんな資料がありますか。

A. 香坂順一編『中国語常用単語3000』(光生館，1988年)は，北京語言学院の最新の資料を基礎に発音・解釈・例文を付したものです。中国語検定協会が準4級受験者のために選定した500余語(『準4級ガイダンス』光生館，1988年に収録)も役に立ちます。〔その後筆者が編んだ『標準中国語辞典』(白帝社，1996年第2版)は，およそ10000語を収録し，最重要語から順に1000語，3000語，2000語，4000語にランク分けしている。〕

43
"请坐"と"请问"は同じしくみか

Q12. ローマ字の分ち書きで，"请进"，"请坐"は分けて2語として扱うのに，"请问"だけ qǐngwèn と1語にするのはどうしてですか。

A. "请"には，「請う」，「頼む」，「求める」などの意味があり，そこから転じて「どうか…してください」という意味に使われます。"请进"（どうぞお入りください），"请坐"（どうぞお掛けください）はこの用法で，この"请"は，他にも"请喝茶"（お茶をどうぞ），"请您再说一遍"（どうかもう一度おっしゃってください）などのように自在に使えますので，独立した1語とみなして，ローマ字でつづる場合分けて書きます。ところが"请问"（おたずねします）の"请"は，自分のほうから動作をおこすことを言っていて，上とは意味も異なりますし，また上のように独立して運用することもできませんので，"请问"全体を1つの単語とみなして，分けずに qǐngwèn と続けて書いてあるのです。

Q13. 同じく分ち書きの問題で，"这个人"は zhège rén とし，"这本书"は zhè běn shū としてあります。"个"も"本"も助数詞だと思いますが，どうして扱いが異なるのですか。

A. ご指摘のとおり"个"も"本"も助数詞です。したがって，同じように扱って，"这个人"を zhè ge rén と分けて書いても，少しもおかしくありません。ただ，同じく助数詞ではあ

るものの、"个"のほうは指示機能も弱く、"这是我的"(これは私のです)、"这个是我的"(同上)のように、"这"と"这个"が同じように用いられたりもしますので、習慣的な結びつきを重視して"这个"を1語として扱うこともできると思います。文法的分析を重んじて2語としてもよいし、言語習慣を重視して1単語として扱ってもよく、根拠さえはっきりしていて統一的なら、どちらでもよいと思います。

Q14. 10月1日を"十月一号"とし、shíyuè yī hào と分ち書きしてありますが、なぜ"十月"が1語で、"一号"は2語なのですか。

A. 細かいところに気がつきましたね。"十月"を1語と見るのは、これを英語 *October* のように、1つの概念として扱ったからでしょう。ただし、これを10番目の月とみなして、shí yuè のように、2語扱いしてもおかしくはありません。日にちのほうは序数ですから、2語になります。

44
"是A还是是B?"は成り立つか

Q15. 選択疑問を表す"A还是B"(AかBか)の例文として"这是你的还是他的？"(これはあなたのですか，彼のですか)というのがありましたが，この例文のAの部分が"是你的"だとすると，Bの部分は"还是"のあとにもう1つ"是"を補って"(还是)是他的"としなければならないのではありませんか。

A. 鋭い質問ですね。確かに"你买这个还是买那个？"(あなたはこれを買いますか，それともあれを買いますか)における"买这个"(A)と"买那个"(B)と対応させてみますと，"是你的"に対しては"是他的"としなければおかしいですね。ところが，厄介なことに，ご質問の例文は正しいのです。しかも，あなたがお考えの"这是你的还是是他的？"は，一般には使われないのです。ことばというものは，かくあるべきだということよりも，現実にどうあるかという事実のほうを優先しなければなりません。

そこで，例文の"这是你的还是他的？"を通用する文と認めたうえで，どう理解すればよいかを検討してみましょう。1つの理解は，なんらかの理由で，Bの部分の"是"が省略されたとみなすことです。理由として考えられるのは，"还是是…"とshìという音が2つ続くことです。中国語に限らず，どの言語も，一般に同じ音の連続を嫌う傾向がありますから，この場

合もこの心理が作用しているとみるわけです。ただし，これが省略されたりされなかったりするという程度だと納得しやすいのですが，常に省かれるとなると，かえって疑わしくなってきます。

　もう1つは，"还是"の"还"を本来1語であると理解して，Bの部分を"还／是他的"と分析することです。一部の虚詞は，"老"→"老是"，"总"→"总是"，"却"→"却是"などのように，接尾辞的な"是"を伴うことがありますから，この"还是"についてもその仲間で，本来の"还"に戻して使用することも可能であると解釈するわけですが，この解釈の難点は他の，例えば上の"你买这个还是买那个？"のような文では決して"是"が脱落することなく，常に"还是"であるという事実をうまく説明できないということです。

　私自身は，"还"を独立した1語とみなしたうえで，うまく説明する方法はないかと苦心しているところですが，いまのところお手上げの状態です。

Q16. Aに相当する部分は，"是你的"ではなく"你的"であると理解すれば，Bの部分も"他的"でよく，別に問題はないのではないでしょうか。

A. つまり，Aの部分を"是你的"とみて，

　这　<u>是　你　的</u>　还　是　<u>（是）　他　的</u>　？
　　　　　A　　　　　　　　　　B

または

　这　<u>是　你　的</u>　还（是）<u>是　他　的</u>　？
　　　　　A　　　　　　　　　　B

と分析しようとするから，Bの部分の"是"が欠けている，あ

るいは"还是"が"还"になってしまうというように、説明に窮してしまうわけで、Aの部分を"你的"、Bの部分を"他的"と解して、

　　这　是　你的　还　是　他的　？
　　　　　　A　　　　　　B

のように分析すれば、"是A还是B"の構文のなかに収まるというわけですね。すっきりした説明です。

　ただし、こんどは、この文の「これはあなたのですか、それとも彼のですか」の「です」に対応する動詞はどこへ行ってしまったのかということの説明がしにくくなってきませんか。もちろん「あなたのです」、「彼のです」は"是你的"、"是他的"ですが、AおよびBの部分が"是"を伴わない"你的"、"他的"としかならないことの、理由がもうひとつはっきりしません。他の場合には、

　　你　(是)　买这个　还是　买那个　？
　　　　　　　　A　　　　　　B

のように、A、Bの部分は述語動詞を伴っているのに、この場合に限って、

　　＊这　是　是你的　还是　是他的　？
　　　　　　　A　　　　　　B

とならないのはどうしてでしょうか。──やはり shì という同音が2つ続くのを避けるからでしょうか。それとも、"你的"や"他的"は、それ自身が叙述性をもっていて、"是"のたすけなしに述語になることができるのでしょうか。依然として「お手上げ」の状態です。

　解決の手がかりとして、"是A还是B"という疑問文が、常

に判断の選択を求めていることを考慮しておく必要がありそうです。すでに判断を示す表現である以上，もう1つ"是"をおく必要はないということになるのかもしれません。もう少し考えてみます。

Q17. "还是"に関連してもう1つおたずねします。"你喜欢北京还是喜欢上海？"という文は，Bの部分の動詞を省略して"你喜欢北京还是上海？"としてはいけませんか。

A. 微妙なところですね。私は省略しませんが，近ごろはよく省略したかたちを見かけますし，認めざるをえないでしょう。"你喜欢喝咖啡还是（喜欢）喝红茶？"（あなたはコーヒーが好きですか，それとも紅茶《が好き》ですか）も，同様に"喜欢"の省略と認めてよいでしょう。後の例のBの部分の"喝"まで省略する人もあるようですが，こちらはちょっと舌足らずな感じがしないでもありません。

一般的に言って，日本語に比べて，中国語は動詞の省略を嫌う傾向があります。「私は音楽が好きだ」なども，"我喜欢音乐"とするよりも，これが鑑賞する意味であれば，"听"を補って，"我喜欢听音乐"としたほうが，はるかに中国語らしい表現になります。「野球が好きだ」は，自分がするのなら"喜欢打棒球"となりますし，もしも見るのが好きなら"喜欢看棒球比赛"となります。

45
"看懂""听懂"はなぜ辞書にないか

Q18. 私の使っている教科書には"看懂"や"听懂"をkàn-dǒng、tīngdǒng のように続けて書き，新出単語の説明欄ではともに品詞を動詞とし，それぞれ「見て（読んで）わかる」，「聞いてわかる」という意味が与えられています。ところが，辞書には，"看"や"听"が収められているだけで，"看懂"や"听懂"は載っていません。どうしてでしょうか。

A. 細かなところに気がつきましたね。結論から先に言いますと，実はどちらがよいとか悪いとかは，一概に言えません。"看懂"や"听懂"の"看"や"听"が「見る」「聞く」という1語の動詞として使われることはもちろんですが，一方の"懂"のほうも，「わかる」とか「理解する」とかを意味する動詞として用いられます。その限りにおいて，"看懂""听懂"は，それぞれ"看"と"懂"，"听"と"懂"の2つの動詞からなっていると見て，なんら不都合はありません。表音ローマ字もkàn と dǒng，tīng と dǒng をそれぞれ分けて書いてよいのです。

ところが，実際の使い方を見て見ますと，"看懂""听懂"は，"看懂中文报"（中国語の新聞を読んで理解できる）とか"听懂广播"（放送を聞いてわかる）のように，しっかりと結びついたままで使われ，せいぜい"看得懂"（読んで理解することができる）や"听不懂"（聞いて理解することができない）のように，間に

"得 de"や"不 bu"をおいて可能・不可能形をつくる時に引き離されるだけです。そこで，2つの単語の結びつきの固さのほうを重視して，"看懂"や"听懂"を臨時に1語として扱うことも可能になってきます。

つまり，あなたの教科書は後者の処理法を，辞書のほうは前者の処理法を採用しているわけです。なお，文法的には，こういう場合の"懂"を"看"や"听"の補語であるとみなし，"看懂"や"听懂"のような仕組の語を動補構造の擬似単語として扱うことが多いようです。"吃完"（食べ終わる），"写好"（ちゃんと書く），"说错"（言い誤まる）などの"完 wán"，"好 hǎo"，"错 cuò"などの動詞や形容詞も，しばしば補語として使われます。これらの動補構造の語をすべて収めようとすると，辞典はパンクしてしまいますから，それらのなかから常用されるものだけに限って見出し語に立てたり，一切収めずにおいて，"懂""完""好""错"それぞれの項において，これらの語がしばしば補語として用いられることを指摘しておくというのが，現実的な処理法かと思います。

Q19. "坐在椅子上"（椅子にかける）の"坐"と"在"，"放在桌子上"（机の上におく）の"放"と"坐"を続けているのと分けているのとを見かけましたが，上と同じように考えてよいのでしょうか。

A. "坐在……"や"放在……"のように動詞の後に"在"が続くケースは，上の場合とすこし異なる点があります。"坐在"や"放在"を1語として扱う場合の根拠は上と同じところにありますが，これらを2語とみなす場合の根拠は，実はもう1つあります。それは"坐在椅子上"を"在椅子上坐"の"在

椅子上"が動詞の後に移動したもの，"放在桌子上"を"在桌子上放"の"在桌子上"がやはり動詞の後に移動したものであるとみなし，"在椅子上"，"在桌子上"という前置詞句のまとまりを分解しがたい強固なものとする見方です。

"在椅子上坐"を例にこれを図示しますと，

$$\boxed{在椅子上} + 坐 \Rightarrow 坐 + \boxed{在椅子上}$$

となり，"坐"と"在"は，擬似的にしろ，1語としてまとまる余地がないわけです。ただし，この解釈には難点があります。まず，本当に"在椅子上"が動詞の前後での自由な移動が可能かどうかについてですが，前にある時と後にある時とで多少とも全体の意味が違ってくるらしいことも気がかりです。前者は動作が行われる場所を示す表現で「椅子にかける」，後者は動作の結果をいう表現で「椅子にかけている」というぐあいに開きがあると指摘する人がいます。はたしてそうかどうか，そうであるとして，そのことが前後の"在椅子上"の文法的な性質の違いを主張する根拠になりうるかどうかについては，もうすこし慎重に対応する必要があると思います。

それよりも，もっととらえやすい矛盾点は，後者が"坐在了椅子上"（椅子にかけた）のように，強固に見える"在"と"椅子上"の間に完了を表す助詞"了"の割り込みを許すことです。動詞に直接付着する時態助詞を伴う以上，"坐"と"在"は一つのまとまりとみなさざるをえなくなってくるわけです。一見，なんの造作もなさそうな単語の分ち書きにも，背後にはいろいろ厄介な問題点が潜んでいるようですね。

　Q20.　時態助詞の"了""着""过"はたいてい前の動詞に

続けてあるようですが……。

　A.　これも処理の原則は同じことです。これらの助詞を前の動詞と分けて書いても別段支障はありませんが，動詞とこれらの助詞の間に他の語が割り込む余地がないので，両者の結びつきのほうを重視したまでです。

46
"好极了"はどう分析するか

Q21. 「たいへんすばらしい」という意味の中国語に"好极了"というのがありますが，どう分析するのでしょうか。私の使っているテキストは hǎojíle と 1 語になっていますが，辞書にはそのような形では載っていません。

A． むずかしい問題ですね。意味のまとまりが強いので，あなたのテキストが 1 語として扱っているのも，一概に退けるわけにはいかないようです。事実，このまま 1 語として収めている辞書もないことはありません。

この語の構造を見てみましょう。"好"が形容詞で「よい」という意味を表していること，"极了"がその後に来て"好"の程度が最高の状態に達していることを示していること，これには異存がありませんね。

問題は"极了"の品詞と文法的役割です。文法的役割のほうは，形容詞の後置成分と見て，補語として扱うことでさしたる問題はなさそうです。似た例に"好多(了)"というのがあります。この"多(了)"は，比較して隔たりが大きいことを表す補語で，"多"は形容詞です。"了"は"多"に付いていると見るよりも，文末におかれた語気助詞と見たほうがよいでしょう。実際の使われ方を見ても，この"了"は常に用いられるとは限りません。

それでは，その他の点では，"好极了"と"好多(了)"は同

じ構造であるといえるでしょうか。実は，大きな違いがあります。それは，"好多(了)"のほうは，補語を導く"得"を用いて，"好得多(了)"ともいえることです。"好极了"のほうは"得"を用いることができません。そうしますと，"极了"は，補語であるにしても，通常の形容詞の後におかれる補語とは性質が異なってくるようです。

事実，"了"の扱いはしばらく保留するにしても，"极"のほうも形容詞としては使われません。これを"好"の前に用いて"极好"としても，"好极了"とほぼ同じ意味を表すところから見ますと，"极"は副詞のようでもあります。文の要素と品詞とは常に対応しているわけではありませんから，"好极了"の"极"を，副詞が補語に用いられている数少ない例の1つであると見ても差し支えありません。また，"了"は一般に省略しませんので，"极了"を1語と見ることもできます。

結論として，"好极了"は，"好／极／了"または"好／极了"と分析し，"极"は副詞で補語，"了"は文末の語気助詞，あるいは，"极了"をひとまとめにして，副詞で補語とするのが，妥当な処理法ということになります。"对极了"(まさにそのとおり)，"热极了"(ひどく暑い)，"热闹极了"(じつににぎやかだ)など，いずれも同様に分析します。

Q22. よくわかりました。もう1つ似たような疑問ですが，北京語でよく使われる，「退屈でたまらない」という"闷得慌"はどうでしょうか。mèndehuāngと1語にしたもの，mèndehuāngと2語にしたもの，同じく2語でもmèn dehuāngとしたものなど，さまざまのようですが。

A. なかなか観察が細かいですね。1語に扱うのは，例に

よって，意味のまとまりを重視したものでしょう。しかし，"闷"の部分を置き換えると，"累得慌"（ひどく疲れている），"饿得慌"（ひもじくてたまらない），"难受得慌"（とても気分が悪い）などのように，かなり自由に語を生産することができますから，これらを個別に独立した1語と見ていくのは，いささか無理があるかと思われます。

"闷得／慌"というのは，"慌"を，他の多くの場合と同様に，"得"によって導かれた補語と見たものでしょう。"慌"は，なるほど形容詞で，「落ちつかない」，「あわてる」，「不安である」といった意味をもっています。ですが，"闷得慌"の"慌"にしても，上に挙げた他のいくつかの例の"慌"にしても，これらの意味からはだいぶ離れています。

それに，他の補語に用いられた形容詞，例えば"累"が，"走得很累"のように，程度副詞の修飾を受けることができるのに，この"慌"は他の語の修飾を受けないことも気にかかります。

さらに，"闷得慌"の仲間は，"好得多"→"好多"のように，"得"を省くことができません。

これらの事実を総合しますと，"闷得慌"の"得"は，前の"闷"に付いて補語を導いているのではなく，後の"慌"と結んで，"得慌"の形で補語を形成していると見るのがよさそうです。

Q23. そうしますと，"好得很"の"得很"も同じようにみなすことができますか。

A. きわどいところを攻めてきますね。そのようにみなして差し支えないのですが，"得慌"と"得很"とでは，すこし

異なるところがあります。それは，"得慌"における"慌"とは違って，"得很"の"很"は副詞としての意味とはたらきを明瞭にとどめていて，"好得很"は"很好"に置き換えることができることです。この点に注目して，"好得很"を"好得／很"と分析して，副詞か補語に用いられているとすることも可能でしょう。

47
「技術」にはいつも"会"を用いるか

Q 24. "能"と"会"の使い分けについて、「練習によって身につけた技術など」をいう場合は"会"を用いると習いました。ところが、私のテキストには、"能看懂中文报"（中国語の新聞が読める）という例文が出てきます。外国語についての能力は、後天的に習得した一種の技術ですから、やはり"会"を用いるのがよいのではないでしょうか。

A. その例文はまちがっていません。確かに、"会"は「技術」について使われます。しかも、外国語の運用能力は、おっしゃるとおり、一種の技術であるとみなすことができるでしょう。したがって、

　　你会中文吗？　　　　　（中国語ができますか。）
　　你会说汉语吗？　　　　（中国語が話せますか。）

などのように、"会"が使われるわけです。

しかし、中国語ができること、話せることはわかったが、新聞は読めますか、放送は聞けますかなどと、もう一歩突っ込んだ能力を聞く場合には、

　　你能看懂中文报吗？
　　你能听懂中文广播不能？

のように、"能"を用いることになります。

Q 25. そうしますと、"会"は技術の習得の有無、"能"は習得した技術の深浅を問題にしているというふうに整理してお

154

いてよいでしょうか。

　A．　それでよろしい。例を補っておきますと，水泳について，単に泳ぐことができるかどうかを問うときは，

　　　你会游泳吗？

ですが，泳げることはわかったが，2000メートルはどうかと聞く場合は，

　　　你能游两公里吗？

のように，"能"を用います。

　そのほか，飲酒や喫煙についても，これらを一種の技術と見なして"会"を用いることは，すでに習われたことと思いますが，お酒を飲めることはわかったが，ビールはどうかと聞くような場合は，やはり

　　　你能喝啤酒吗？

のほうが，"会"よりも適切なようです。

48
"不要……"は常に禁止を表すか

Q26. あるテキストに「私はコーヒーがほしい,紅茶はほしくない」の答として,"我要喝咖啡,不要喝紅茶"とありますが,後半の"不要喝紅茶"は「紅茶を飲んではいけません」という禁止の意味になってしまいませんか。

A. 先に結論を言いますと,"不要喝紅茶"で問題はありません。

テキストや参考書ではよく,"要"の否定は"不想"(……したくない),"不用"(……する必要はない)であって,"不要"とすると禁止の意味になってしまうと説かれています。この説明で一応はよいのですが,一般に自分に向かっては禁止表現は用いませんから,"我不要……"は,「私は……したくない」という意味になります。"他不要……"も同様です。したがって,

  我不要看这本书。 (私はこの本を読みたくない。)
  我不要喝牛奶。   (私は牛乳を飲みたくない。)
  他也不要喝牛奶。 (彼も牛乳を飲みたくない。)

など,いずれも問題なく成立します。

もちろん,これらを"我不想……"としてもなんら問題はありません。ただ,"要"との対応があると,"我要……,不要……"のように,"不想"よりも,"不要"が選ばれることが多いように思われます。

Q27. "要"について,もう1つ質問があります。例えば,

"我要看电影"という例文によく「私は映画を見たい」という訳文があてられていますが，この文が「私は映画を見なければならない」という意味になる可能性はありませんか。

A. あります。助動詞の"要"には大きく分けて，①"明天要下雨"(あしたは雨になりそうだ)，②"我要喝茶"(私はお茶を飲みたい)，③"我要吃药"(私は薬を飲まなければならない)の3つの使い方がありますが，"我要喝茶"にしても，例えば健康の都合で，「コーヒーを飲むわけにはいかない」という前提があれば,「お茶を飲まなければ」となります。"要"に初めから3つの使い分けが存在するのではなく，1つの"要"が結果的に3つのケースに分かれただけのことです。このように1つの包括的な中国語が，日本語でいくつかに分類されるケースは,他にも数多く存在します。

IV

《新华字典》のすすめ

"指甲"は zhījia？ zhǐjia？

朋あり，その朋遠きより……
　　――『論語』を語学的に訓むと――

50年前にほんのちょっと聞いた中国語講座のこと
　　――あとがきに代えて

49
《新华字典》のすすめ

字引 —"词典"と"字典"

　外国語の学習に字引は欠かせないものです。この字引,英語の場合ですと,一般には *dictionary* と呼ばれている単語や熟語を収録の対象にしたものが1種類存在するだけですし,ドイツ語やフランス語の場合も事情は変わりません。日本語の場合は,多少事情は異なりますが,おおざっぱに言えば,英語やドイツ語,フランス語と似ているかと思います。字引とは言いながら,実際に使っているのは,たいていは〇〇辞典と名のついた,単語単位で見出しを立てたものです。

　もっとも,「字引」という単語を字引で調べてみますと,①字典,字書。②辞典,辞書などと載っていて,漢字一字一字を対象としたものと,「字」ではなく「辞」,つまりことばを対象としたものとの,2種類あることがわかります。

　しかし,わたくしたち日本人の言語生活は漢字だけで,あるいは漢字を組み合わせた漢語だけを用いて表記されることばで成り立っているわけではありませんから,わたくしたちが暮しのなかで必要とする字引は,やはり②の辞典,辞書,つまり *dictionary* のほうであると言えます。

　ところが,一まとまりの音の区切り,つまり1つの音節に漢字1字が対応していて,その漢字の一つ一つが意味をもち,そのまま独立した単語として用いられたり,一字一字の意味を残したまま,複合して2音節あるいはそれ以上の音節からなる単

語を形成する中国語の場合，出来上がった単語だけを収録の対象にした"词典"（cídiǎn—辞典）のほかに，単語の構成要素である漢字一字一字の発音や意味を解説した"字典"（zìdiǎn—字典）が必要になってきます。

収めつくせない"词典"

わたくしなどは教壇に立ったり文章を書いたりするのが仕事ですから，字引は何冊もそろえていますが，普通は引き慣れたものが1冊あれば用が足りるのではないでしょうか。そんなわけで，中国語の字引も，ちょうど日本で使われている漢和辞典と同じように，まず漢字一字一字の発音や意味・用法を解説して，その上で漢字が頭に来る熟語を並べるという，いわば字典＋辞典併用型の編集法を採用しています。《现代汉语词典》がその代表的なものですが，当然，熟語部分の記述にスペースの大半を割くことになるため，大部なものとなってしまい，常時かばんにいれておいてというわけにはいかなくなってしまいます。——携行はあきらめるとして，それではこの辞典1冊さえあれば単語はすべて解決するのかと言いますと，実はそうでもないのです。よく出来た英語やフランス語の辞書なら，そして多分日本語のものの場合も，さほど大きなものでなくても，目指す単語が載っていないということはまずありませんが，中国語の場合，新聞や雑誌で出くわすさほど特殊であるとも思われない単語が，かなり大きな辞書を調べても載っていないということがしばしばあります。

それでは，そのような辞書は編集の下手な，出来の悪い辞書なのかと言いますと，必ずしもそうとは言い切れないのです。無限のと言うのはおおげさですが，漢字一字一字がかなり大き

な，そして気まぐれとさえ思われるほどに自由な造語力をもっている中国語の場合，その「気まぐれ」の結果生みだされてくる単語を一つ一つ拾っていくというのは，あまり賢明な方法ではないのかもしれません。

"字典"の出番

　もしそうであるとすれば，辞典に単語を収め尽くそうというのは，賽の河原に石を積むような空しい試みであるということになってしまいます。そこから，どうせ収め尽くすことができないのなら，そういう空しい試みはやめて，単語を生みだす材料である漢字一字一字の意味や用法をしっかり抑えておいて，そこで得られた情報を手がかりにして，「無限」に生みだされる単語に対処していこうという方策が工夫されることになります。——こうして生まれた字典の代表が，《新华字典》であるというわけです。

手元におきたい3冊

　わたくしたち中国語教育に携わっている者が，テキストを編んだり，教室へ出るための下調べをしていて，字形にしても，発音にしても，あるいは釈義にしても，疑問が生じた時にまず手にするのは，《新华字典》か《现代汉语词典》です。釈義については事情は多少異なってきますが，字形や発音については，簡化された字や審音された発音に正確に基づいているという点で，この2書にまさる信頼性をもつものはないからです。

　もう1点，これは多少わたくしの好みに傾くところがあるかもしれませんが，《汉语拼音词汇》(1989年重編本，語文出版社出版，1991年) というのも，手放せません。書名のとおり語彙をアルファベット順に配列しただけのもので，語釈も用例も収め

られていませんが，発音を確認したり，度忘れした字を捜し出したりといった場合に，たいへん威力を発揮してくれます。特に，他にあまり規範性をもつ辞典や資料が存在しない軽声語であるかどうかの確認には，《词汇》は，《字典》《词典》にまさる信頼性をもっているようです。——この《词汇》の利用法と利用価値については，いずれ稿を改めて取り上げてみるつもりです。

4年に1回の改訂

《新华字典》のいちばん新しい版は，1998年5月に出た修訂本ですが，これは1957年1月に商務印書館から出版された簡化字による新版から数えて第9版ということになります。この57年の新1版の前にもう2つの版があって，共に人民教育出版社から出ています。今，わたくしの手元にはありませんが，1953年12月出版の第1版は部首排列，続く第2版で注音字母による排列に改められたそうです。1958年の《汉语拼音方案》公布をうけて現行の拼音字母音序排列になったのは，翌1959年以後のことです。

商務印書館による9版と，その前の人民教育出版社による2版とを合わせると，なんと45年間に11版に上ります。ほぼ4年に1回の割合で改定が行われてきたことになります。人民教育出版社も商務印書館も国営の出版ですし，この間の修訂の作業にも中国科学院語言研究所，北京大学，北京師範大学などが当たり，今回の修訂も社会科学院語言研究所が責任を負っているそうですから，まさに国家的事業であると言えます。——総発行部数は，いわゆる海賊版は別にして，3億4千万冊に上るとのことです。

最初の白話による字典

　漢字を見出しに立てて、これに発音や釈義を付するという形式そのものは伝統的な中国の字典の編纂方法によるもので（中国最古の字書とされる『説文解字』もそうですし、歴代の字書を集大成した『康熙字典』もそうです）、格別目新しいものではありませんが、これまでの字書はいずれも古典を学ぶためのものでした。《新华字典》の新しさは、白話による新時代の語文教育に対応するために、資料を白話文に求め、これを白話文で解説した点にあります。《新华字典》編纂の必要性をいち早く説き、その実現に大きな指導力を発揮したのは、新中国における語文教育界の長老的存在であった葉聖陶氏だそうですが、氏は五四時期から魯迅らと共に白話による創作を実践してきた人で、さすがにその見識は卓抜なものがありました。葉氏の語文教育にかける情熱は、下江官話（南京一帯の標準語）によっていた革命前の自らの児童向けの作品を、革命後、普通話が今日のもののように位置づけられると、この位置づけに沿って、丹念に書き改めた一事によっても知ることができます。

(『中国語の環』第47・49号, 1999年4・10月)

1962年7月修訂重排本第3版。
1962年12月北京第19次印刷。
印数 5,340,001—5,840,000 冊。
題字は魯迅の手稿から切り貼りしたもの。
周恩来総理から魯迅を傷つけ、芸術性を損ねるものであるとの指摘があり、1971年修訂本から印刷体に改められた。

50
"指甲"は zhījia？ zhǐjia？
―― 《普通话异读词审音表》のこと

「爪(つめ)は zhījia です，zhǐjia ではありません」，「指(ゆび)は zhítou です，zhǐtou ではありません」。わたくしのかかわっている辞書やテキストに"指甲"が zhǐjia，"指头"が zhǐtou と拼音(ピンイン)が付されているのを，親切な中国の知人がこのように指摘してくれました。確かに，この人の指摘どおり，多くの中国人がそのように発音していることを知っていますし，わたくし自身もそのように習い，またそのように教えてきました。

それでは，どうしてわたくしのものも含め，最近の辞書やテキストはこれを zhījia，zhītou としているのでしょうか。それは同一の単語が2つ以上の発音にわかれている場合にどれを標準的なものとするかを決める普通話審音委員会が編んだ最新（と言っても，もう十数年も前のものですが）の資料にそうなっているからです。

資料の名は《普通话异读词审音表》(1985年修訂) と言い，語文出版社出版の小冊子等で簡単に見ることができます。この資料の前文に国家語言文字工作委員会，国家教育委員会，広播電視部の1985年12月27日付の通達が載っていて，「公布の日より，文教，出版，放送等の部門」にあっては，異読詞の発音はこの表に基づくようにとの指示がなされています。

この種の審音は，実は1950年代後半から60年代初頭にかけても3度にわたって行われており，その結果は《普通话异读词三

次審音総表初稿》として，1963年10月に文字改革出版社から出版されていました。わたくしたちが"一会儿"をyìhuǐrではなくyíhuìrとし，"友谊"をyǒuyíではなくyǒuyìとするのは，この資料によったものです。

　63年版にあった《初稿》の2字が85年版から消えているのは，これが一応決定稿であることを意味しているのでしょう。《初稿》から決定稿の間にはかなりの変化が見られます。一旦は第一声jīに審音したけれども，あまりそう発音する人のいなかった"成绩""功绩""战绩"などの"绩"の発音を第4声jìに戻したことなども，その1つでしょう。

　ことばのことですから，一つ一つ見ていくと，ちょっと首をかしげたくなるものも含まれています。わたくしなどでもそうなのですから，まして，そのことばを日常的に使っている中国の人びとにとっては，「これは承服しがたい」というものもあるにちがいありません。

　しかし，総じて言えば，妥当なところに落ち着いているように思われます。発音に限らず，普通話のなかには南方的要素が多く入り込んできています。それを北京語やそれに近いことばを身に付けている人が，自分たちの日常感覚だけで拒絶しようとしているのが，「審音表はおかしい」とか，「《现代汉语词典》に変な用例がある」といった声となって聞こえてくることが多いようです。

《普通话异读词三次审音总表初稿》

●異読詞審音表による修訂音

＊1985年12月発表の《普通话异读词审音表》に基づく主な変更点。

	修訂音	旧 音	説　明
不妨	bùfáng	bùfāng	"妨"はすべて fáng。
缠绕	chánrào	chánrǎo	"绕"はすべて rào。"围绕 wéirào""环绕 huánrào""缭绕 liáorào"
成绩	chéngjì	chéngjī	"绩"はすべて jì。
穿凿	chuānzáo	chuānzuò	"凿"はすべて záo。"凿枘 záoruì"。
从容	cóngróng	cōngróng	"从"はすべて cóng。
呆板	dāibǎn	áibǎn	"呆"はすべて dāi。
幅儿	fúr	fǔr	"幅"はすべて fú。
骨头	gǔtou	gútou	"骨朵 gūduo""骨碌 gūlu"を除いて、"骨"はすべて gǔ。
汲	jī	jí	すべて jī。
脊梁	jǐliang	jíliang	"脊"はすべて jǐ。
落魄	luòpò	luòpò、luòbó、luòtuò	"魄"はすべて pò。luòbó は"落泊"、luòtuò は"落拓"。
盟誓	méngshì	míngshì	"盟"はすべて méng。
乳臭	rǔxiù	rǔchòu	"臭"は「匂い」の場合 xiù、「臭い」の場合 chòu。"铜臭 tóngxiù"。
啥	shá	shà	"啥"はすべて shá。

往	wǎng	wǎng、wàng	前置詞の場合もwǎng。
寻思	xúnsi	xínsi	"寻"はすべてxún。"寻短见 xún duǎnjiàn""寻死 xúnsǐ"。
沿	yán	yán、yàn	すべてyán。"河沿 héyán"。
荫蔽	yìnbì	yīnbì	"荫"はすべてyìn。
指甲	zhǐjia	zhījia	"指"はすべてzhǐ。"指头 zhǐtou"。
卓见	zhuójiàn	zhuōjiàn	"卓"はすべてzhuó。"卓越 zhuóyuè"。
自作自受 zì zuò zì shòu			"作"は"作坊 zuōfang"の外はzuò。
		zì zuō zì shòu	"作揖 zuòyī""作料 zuòliao"。
踪迹	zōngjì	zōngjī	"迹"はすべてjì。"古迹 gǔjì""事迹 shìjì""足迹 zǔjì"。

(『中国語の環』第49号，1999年10月)

《普通话异读词审音表》

51

朋あり，その朋遠きより……
―『論語』を語学的に訓むと―

　文章を書いたことのある人ならだれでも経験のあることだが，書き出しの部分はつい力が入ってしまう。このことが多くの書物の冒頭の部分を難解なものにしている。

　東洋の古典『論語』もその例外ではない。子曰，學而時習之，不亦說乎。──子曰く，学んで時にこれを習う，また説（＝悦）ばしからずや。たいていの人がこう訓んでおり，わたくしもその訓み方に異を唱えるつもりはない。しかし，この極度に切り詰められた語句から各人が描き出す世界は一様ではない。「学んで」とあるが，なにを学ぶのか。「時に」とは，「時どき，時たま」の意なのか，「常に，しょっちゅう」の意なのか，それとも「時を決めて，適当な時期に」の意なのか。さらには，筆者は採らないが，古代漢語に見られる，口調をととのえるだけで，特に意味をもたない助辞として解する可能性も疑ってみることはできる。
　「これを」とはなにをか。なにかを指していると見るならば，それは学んだ内容をということになるであろうが，古代漢語の語法に忠実に従うならば，「之」はなにかを指していると見るよりも，すぐ上の「習」が動詞としてはたらいていることを明示するだけのものに過ぎないと見たほうが，事実に近いかもしれない。

その「習」だが，同じく「習う」と訓んでも，これを「復習」の意味にとるか「実習」の意味にとるかによって，「時にこれを習う」の理解は大きく異なってくる。
　こう見てくると，同じく学問をすることの無上の楽しみ（不亦説乎＝こんなうれしいことはない）を説いたとする『論語』開巻の第一句の理解が，決して容易なものではないことがわかるのである。
　そのようななかにあって，語学の面からできる発言は，『論語』の時代の「時」の使い方に，「時どき」とか「しょっちゅう」に当たる時間副詞としての用法はまだないのではないかという情報の提供であろうか。もしそうであるとすれば，「時」は「適当な時期に」ということになり，そのことが「習」の解釈の余地を限定することになるのである。すなわち，「時に習う」は，漠然と温習の楽しみを説いているのではなく，習ったことを時を決めて実地に試してみる時の，あのわくわくするような愉悦を説いたものであるということになるのである。ここからさらに，「学ぶ」対象も抽象的な真理とか哲理とかではなく，もっと具体的な，実習可能なものに違いないという推測が導かれてくることになる。それはなにか。——これに対する答は，語学の範囲を超えたところにあるように思われる。

　続く，有朋自遠方來，不亦樂乎。——朋あり遠方より来る，また楽しからずや。この句は，語学的に見て，一層おもしろい問題を含んでいる。まず，「朋あり遠方より来る」という訓読のしかたであるが，従来，この外に「朋の遠方より来るあり」というのと「有朋遠方より来る」の2つが行われている。この

うち「有朋」説はとりにくい。残る「朋あり……」と「朋の……あり」とは、日本語としての表現は異なるが、原文の理解に大差はないようである。

なぜこのように訓み方が2つ（「有朋」説を含めると3つ）に分かれるのであろうか。それは中国語と日本語という全く構造を異にする、互いに対応関係をもたない2つの言語の間に、機械翻訳に等しい訓読法を試みようとしたところに起因している。

広く知られているように、漢文訓読においては、「未」「将」「応」などの再読文字と呼ばれる若干の副詞を除いて、原則として1つの文字は1回しか読まないことになっている。

ところが、「有朋自遠方来」のような文は、このルールに従ったのでは日本語に移すことがむずかしい。上の文における「朋」の字は、「有」の客語であると同時に、次の「自遠方来」の「来」という動詞の主語としてもはたらいている。すなわち、この文は今日の中国語文法でいう兼語文で、「友人がいて、その友人が……」と理解すべき文である。従って、訓読文は、訓読法のルールを破って「朋あり、その朋……」とでも訓まないかぎり、原文と正確に対応しない。「朋の……来るあり」は、ルールの範囲内でなんとか対応させようとした苦心の産物であろうが、不自然さを免れない。

「有朋」を「とも」と訓んだり、あるいは同音の「友朋」に置き換えて理解しようとするのは、そうすることによって対応する自然な日本語を求めることができるという利点はあるが、原文の中国語をそのように理解するのは、かなりの無理が伴う。

『論語』の時代に「友朋」という熟語が全くなかったわけではないが（例えば『左伝』荘公22年にこの語の使用例がある）、『論

語』中には「朋友」はあっても（8例），「友朋」は1例もない。『左伝』荘公22年の用例も，詩の引用であって，通常の記述に用いられているものではない。詩や歌謡中の用例を直ちに語史の資料として用いることの危険性は，指摘するまでもない。

　それでは，なぜ「朋あり，その朋……」というようなややこしい訓み方にこだわらなければならないのであろうか。（「朋」とはどのような「とも」をいうのか詮索はおくとして）「有朋……」で導かれる「朋」は，不意に訪ねてくる，予期せぬ来訪者でなければならない。なぜなら，中国語において，「有」によって話しの場に導かれる主題は，常にそのようなものであるからである。「朋」とはいかなる「とも」かの議論の前提として，「有」のそのようなはたらきを押さえておくことは，欠くことのできない手順であろう。

　「有朋自遠方来」の訓み方で，もう1つ気にかかることがある。「有朋……」は上のように理解するとして，「自遠方来」は，本当に「遠方より来る」でよいのであろうか。「本日は遠方よりおいでいただき……」式の「遠方」の使い方が，古代漢語に存在したであろうか。「自遠」で一呼吸おいて「遠きより」と訓んで，次の「方」の字を動詞「来」にかかる副詞として理解することはできないであろうか。

　これについては，貝塚茂樹博士が中国近世の学者兪樾(ゆえつ)の説をもとに「方(なら)び来る」と訓んでおられるのを，近ごろ知った。「方び来る」が正しいかどうかは，さらに検討を要するであろうが，もしそうであるとすれば，ここでの「朋」は複数でなければならない。

　よく知られているように，中国語においては，名詞の単複の

区別は明示されないのが普通である。しかし，ある名詞がそこで単数として使われているか複数として使われているかを知っておくことは，理解の手がかりとして欠かせないこともある。（ちなみに，中国古典の翻訳者として知られるイギリスの JAMES LEGGE は，この箇所を *Is it not pleasant to have friends coming from distant quarters?* と複数形を用いて訳している。）

　第三句，人不知，而不慍，不亦君子乎。──人知らずして慍(うら)みず，また君子ならずや。この句の「君子」の理解（名詞としてではなく，形容詞的なものとして解する）の手順なども，語学的に見ても興味深いものがあるが，いずれ稿を改めて論じてみたい。

〔この文章は筆者が勤務している共立女子大学の文芸学部の人たちが出している『研究ファイル』12（1998年2月）という小冊子に寄稿したもので，文体，語り口等が他と異なっているが，特に手を加えることはせず，発表時のままにしてある。〕

50年前にほんのちょっと聞いた中国語講座のこと
——あとがきに代えて

　今年担当したラジオ講座の7月号テキストに開講の辞として，こんな文章を書きました。

　この秋が日中国交回復30周年だというので，さまざまな催しが企画されているようです。30年前，それまでひっそりとしていた中国語の学習環境が急に活気を帯び，なにやら慌しくなったのが思い起こされます。

　わたくしが中国語の学習を思い立ったのは，そのさらに10年前，大学卒業を翌春に控えて，進路を模索していた時期でした。まだ周りに中国語を学んでいる人はなく，よくわからないままに再入学した学科が，実は中国語ではなく漢文を勉強するところであったりもしました。

　そのさらに10年前，ということは今から50年前，半世紀の昔ということになりますが，ほんのちょっと中国語に触れたことがあります。中学1年生の夏，友達の家で宿題をしていたら，「ヘンなもの聞かせてやろう」と，だれかがラジオをかけたのです。しばらく夢中になったことを覚えています。

　このほど書棚の隅から出てきた小冊子を見ますと，『NHK中国語入門』とあり，夏のラジオ・クラブという番組であったことがわかります。火木土の午前11時から15分間，講師は東京大学教授の倉石武四郎先生。30円のテキスト代をどう工面したかは，記憶が確かではありません。

　「開講に際して」という日本放送協会のあいさつによると，

この年のが戦後,最初のようですから,今年はラジオの電波にのって50年目ということになりますね。

"三句话不离本行"(sān jù huà bù lí běnháng)とか。いっぺん「この秋も庭の金木犀の花が……」とか,「愛犬のエンゲルスが逝って5年になる」なんて書き出しのエッセイなるものを物してみたいなどと思いながら,相も変わらず職業臭のふんぷんとした,うるおいに乏しい文章を書き連ねています。

2002年9月15日

上野恵司(うえのけいじ)　共立女子大学教授。文学博士。

1939年10月大阪府に生まれる。東京教育大学文学部社会学科，同漢文学科を経て，1968年大阪市立大学大学院修了。1979年～81年，北京にて研修。帰国後NHKラジオ中国語講座担当。筑波大学教授を経て1991年4月より現職。

新版　中国語 考えるヒント

2002年10月 1 日　初版印刷
2002年10月10日　初版発行

上野恵司 ── 著者

佐藤康夫 ── 発行者

白　帝　社 ── 発行所

〒171－0014　東京都豊島区池袋 2 －65－ 1
TEL：03-3986-3271　FAX：03-3986-3272
http://www.hakuteisha.co.jp/

モリモト印刷㈱ ── 製版・印刷　若林製本 ── 製本

Ⓒ Keiji Ueno 2002 Printed in Japan ISBN4-89174-581-9

Ⓡ本書の全部または一部を無断で複写複製(コピー)することは，著作権法上での例外を除き，禁じられています。本書からの複写を希望される場合は，日本複写権センター(03-3401-2382)にご連絡ください。